मीडिया और लोकतंत्र

मीडिया और लोकतंत्र

(विश्वविद्यालय अनुदान आयोग द्वारा वित्तपोषित राष्ट्रीय संगोष्ठी पर आधारित)

सम्पादक

डॉ प्रत्यूष वत्सला

डॉ संगीता शर्मा

KALPAZ

मीडिया और लोकतंत्र

ISBN: 978-93-5324-267-1

भारत सन् 2020 में प्रकाशित

कल्पाज पब्लिकेशन

सी-30, सत्यवती नगर,

दिल्ली-110052

Phone: 011-47034999, 9811692060

www.kalpazpublications.com

ई-मेलः kalpaz@hotmail.com

मुद्रितः जी. प्रिंट प्रोसेस, दिल्ली

विषय-सूची

प्राक्कथन

वर्तमान परिदृश्य में लोकतांत्रिक शासन व्यवस्था एवं समाज में हो रहे बदलाव की संपूर्ण जानकारी मीडिया के माध्यम से ही संभव है। मीडिया की भूमिका लोकतांत्रिक मूल्यों को परिरक्षित करने में अत्यंत संवेदनशील है। बीते दशक में मीडिया अपने नित नए रूप में इतना सशक्त होकर उभरा है कि विकास एवं चुनौतियों की व्याख्या आम नागरिक के सम्मुख भी आने लगी है। देश का कोई हिस्सा हो, गांव हो या शहर, सभी स्थानों पर मीडिया अपना स्थान बना चुका है और अब तो "विश्वग्राम" की अवधारणा मूर्तरूप लेने लगी है। देखना यह है कि मीडिया के इस प्रसार के कितने सकारात्मक और कितने नकारात्मक परिणाम प्राप्त होते हैं।

ग्रामीण क्षेत्र हो या शहरी क्षेत्र, दोनों ही स्थानों पर भारतीय लोकमानस, लोकतंत्र एवं मीडिया की चुनौतियों से जूझता नजर आ रहा है। परंपरागत मीडिया और संचार माध्यमों के साथ-साथ, न्यू मीडिया, सोशल मीडिया, जैसे फेसबुक, ट्विटर, हैशटैग, वायरल वीडियो, ट्रेंडिंग आदि विचार-भाव जनमानस को उद्वेलित करते हुए दिखाई देते हैं। व्हाट्सएप, टेलीग्राम आदि माध्यम भी हमारी सोच को प्रभावित कर रहे हैं। फेक न्यूज एक "पैन्डेमिक" की तरह हम सबको बीमार कर रही है। "वर्चुअल वर्ल्ड" में हमारी अनिवार्य उपस्थिति नित नवीन अपराधों को, साइबर क्राइम को बढ़ावा दे रही है। मीडिया,

लोकतंत्र के लिए एक चुनौती के रूप में उभरा है, किंतु इसने कहीं न कहीं लोकतंत्र को सशक्त किया है। समाज के अंतिम छोर पर खड़े व्यक्ति की आवाज भी आज सत्ता के गलियारों में गूँजती है और शासन-प्रशासन के लिए "जागते रहो" की अलख को अनसुना करना कठिन हो जाता है। वर्तमान लोकतंत्र में नागरिकों को यथासमय सूचना पहुंचाने में व उन्हें सशक्त बनाने में सोशल मीडिया की भूमिका भी बहुत अहम हो गई है।

वस्तुतः लोकतंत्र लिखित दस्तावेज के रूप में तो मजबूत दिखाई देता है जबकि वास्तविक धरातल पर मजबूर नजर आता है। ऐसे में मीडिया की भूमिका कहीं बढ़ जाती है। आज सोशल मीडिया के प्रचार से जहां एक तरफ समाज के हर तबके को अपनी बात कहने का मौका मिला है वहीं दूसरी तरफ कभी-कभी ऐसा लगता है कि फूहड़पन बढ़ता जा रहा है। बिना किसी अर्थ के कोई भी किसी का नाम लेने में, अपमान करने से नहीं चूकता है। जिसके कारण तनाव व सामाजिक उत्पात बढ़ जाता है। क्रोध एवं आक्रामकता भी बढ़ती नजर आ रही है। हिंसा लोगों के अंदर घर करती जा रही है, जिसने संवेदनशीलता का गला घोंट दिया है। ऐसे में आवश्यक है कि मीडिया का बाजारीकरण न हो, संकीर्ण दायरे न हों क्योंकि, मीडिया पर एक बड़ी जिम्मेदारी है। आज यह आवश्यक है कि मीडिया गुस्सैल राजा के रूप में कार्य न करे। जो स्वयं ही कानून बनकर जिसे चाहे दंडित करने लगता है।

आज परम्परागत मीडिया पर आधुनिक मीडिया हावी होता नजर आ रहा है अतः कहीं न कहीं अंकुश की जरूरत है। प्रताड़ना एवं आंतक की स्थिति पर विवेकपूर्ण नियंत्रण अनिवार्य है। आज तथ्यात्मक पत्रकारिता पर प्रश्नचिन्ह लगता नजर आता है। इधर समाज में लालच व तनाव बढ़ता जा रहा है, जिसे कम करने की आवश्यकता है, क्योंकि तनाव कब उत्पात में बदल जाएगा कहना मुश्किल है।

कभी-कभी मीडिया भी प्रतिशोध की हथियार का रूप ले लेता है, जो कि खतरनाक है। मीडिया एक सजग प्रहरी हो लोकतंत्र के भवन का, किंतु यदि वह उस भवन को कब्जा कर सैन्य नियंत्रत्र में ले, यह ठीक नहीं। समाज को भी सतर्क रहने की आवश्यकता है, क्योंकि अब मीडिया केवल चुनाव प्रचार व सरकारी खबरों तक सीमित नहीं है। लोकमन, लोकसंस्कृति व सभ्यता भी अब उससे प्रभावित होने लगे हैं। पल-पल सावधानी अपेक्षित है कि साधन कहीं साध्य न बन जाए। मीडिया और लोकतंत्र का संतुलन कहीं बिगड़ न जाय। यंत्र व तंत्र के चक्कर में कहीं लोक का ही अस्तित्व खतरे में न आ जाए। मीडिया की गतिविधियों व कार्यशैली में परिवर्तन कैसे लाया जाय, इस पर कार्य करने की आवश्यकता है जिससे हाशिये के लोगों को पर्याप्त स्थान मिल सके और मानव समाज को सही दिशा मिल सके। समाज में ऊर्जा का सहज संचरण होना आवश्यक है।

लोकतंत्र में चुनाव के दौरान जब सरकारें अपने-अपने हितों व स्वार्थों की पूर्ति हेतु मीडिया का इस्तेमाल करती हैं, तब मीडिया पर भी संकट मंडराता है। परेशानी तब और बढ़ जाती है, जब सामुदायिक चक्र प्रचारित होते हैं, और लोकतंत्र का सही स्वरूप नहीं नजर आता। सब जगह तनाव व संघर्ष की स्थिति पैदा हो जाती है। आज समाज के हर तबके के पास स्मार्टफोन है। आज का युवा सोशल मीडिया में तल्लीन है। सोशल मीडिया के युग में मीडिया को भी अपने अस्तित्व को बचाने का संकट भी नजर आता है। आज आम नागरिक अपने मोबाईल से खबरें पोस्ट करता है, जिससे प्रोपोगैंडा शुरू हो जाता है, तनाव व हिंसा फैल जाती है। ऐसे समय में सभी की नजर मीडिया पर होती है कि वह क्या दिखायेगा।

समय है कि लोकतंत्र और मीडिया दोनों को ही सशक्त बनाया जाए, जिससे कि दोनों स्वधर्म का पालन कर सकें। एक संप्रभु राष्ट्र, राष्ट्रवादी संकल्पना के साथ, सर्वे भवन्तु सुखिनः का ध्येय लेकर

आगे बढ़े तो निश्चय ही लोकतांत्रिक मूल्य, मानव मूल्य प्रतिष्ठित हो सकेंगे।

आभार विश्वविद्यालय अनुदान आयोग का कि मीडिया और लोकतंत्र जैसे महत्वपूर्ण विषय पर लक्ष्मीबाई महाविद्यालय को संगोष्ठी आयोजित करने हेतु अनुदान प्रदान किया, जिसमें अनेक विद्वानों की उपस्थिति के बीच, विषय के विभिन्न पहलुओं पर चर्चा हो सकी। उक्त राष्ट्रीय संगोष्ठी में मीडिया के सामाजिक सरोकार, मीडिया की लोकतंत्र में भूमिका, मीडिया और भूमंडलीकरण, मीडिया व समाज, मीडिया व लोकतंत्र, अभिव्यक्ति की स्वतंत्रता, मीडिया व साहित्य, लोकतंत्र में मीडिया और न्याय व्यवस्था के परिप्रेक्ष्य में नारी, मीडिया और महिमा, मीडिया का एजेंडा सेंटिंग व सोशल मीडिया ट्रेंड आदि विषयों पर शोध–पत्र प्रस्तुत किए गए, जिनमें से कुछ चयनित पत्र पुस्तक में संकलित हैं। आशा है, सुधीजन हमारे प्रयास से लाभान्वित होंगे।

सादर

डॉ. प्रत्यूष वत्सला

एवं

डॉ. संगीता शर्मा

1

मीडिया और लोकतंत्र

– अनिता देवी

'मीडिया' शब्द अंग्रेजी भाषा के 'मीडियम' शब्द का बहुवचन है जिसका अर्थ है – माध्यम। पारिभाषिक रूप से देखने पर मीडिया शब्द का प्रयोग संचार के साधनों जैसे- रेडियो, टेलीविजन, समाचार पत्र आदि के लिए होता है अर्थात संचार के दो या दो से अधिक साधनों के समूह को मीडिया कहा जाता है। "मीडिया जनसंचार के साधनों के लिए प्रयुक्त होने वाला संक्षिप्त शब्द है जिसके अंतर्गत सूचनाओं, तथ्यों, जनमत और मनोरंजन का प्रसार करने वाले सभी संगठित माध्यम आते हैं जैसे- समाचार-पत्र पत्रिकाएं, सिनेमा, रेडियो, टेलीविजन, पुस्तकें, सी. डी. और इंटरनेट आदि।"[1]

एक सामाजिक संस्था होने के कारण मीडिया का उद्‌भव एवं विकास व्यक्तियों की सांस्कृतिक आवश्यकताओं की पूर्ति के साधन के रूप में हुआ परंतु वर्तमान समय में इसका संचालन व्यापारिक संगठनों की तरह हो रहा है। हाल ही में मीडिया-व्यापार में अनेक कारणों से तीव्र गति से विस्तृत हो रहा है। सूचना और संचार-क्षेत्र का आर्थिक महत्व बढ़ने के कारण मीडिया को व्यापार बनने में सहायता

मिली है। मीडिया को समाज का अभिन्न अंग माना जाता है। इसके अपने नियम और कार्य शैलियां हैं जिनका व्यापक सामाजिक संदर्भों और सीमाओं में पालन किया जाता है। समाज और मीडिया एक दूसरे को प्रभावित करते हैं, यह सत्य है परंतु मीडिया समाज पर ही निर्भर है। इसका मुख्य कारण यह है कि आर्थिक और राजनीतिक हस्तक्षेप और अनौपचारिक शक्ति के बावजूद मीडिया के अस्तित्व की सभी आवश्यकताओं की पूर्ति समाज करता है। मीडिया इसी कारण सांस्कृतिक मूल्यों, सामाजिक अंतर्विरोधों और राजनीतिक संघर्षों की अनदेखी ज्यादा समय तक नहीं कर सकता। आज मीडिया की प्रत्यक्ष या परोक्ष किसी ना किसी रूप में न्यूनाधिक उपस्थिति प्रत्येक सामाजिक गतिविधि में है क्योंकि मीडिया सामाजिक जीवन के संदर्भों को व्यापकता और सार्थकता प्रदान करने में अग्रणी भूमिका निभाता है।

मीडिया हमारे एकदम निकटवर्ती वातावरण से संबंधित प्रत्यक्ष अनुभव और उससे परे बाहरी दुनिया में बहुआयामी भूमिकाओं में खड़ा है। यह समाज की मुख्य संस्थाओं के साथ हमारा संपर्क बना, रखता है। हमारे द्वारा मीडिया के संदेशों की कितनी ही व्याख्याएं करने पर भी अपने वातावरण की अनेक अनुभूतियों के लिए मीडिया पर हम निर्भर होते जा रहे हैं। एक संगठित सामाजिक जीवन के यथार्थ के बौद्ध की मानवीय जरूरत को पूरा करने में मीडिया का महत्वपूर्ण योगदान है। मीडिया सामाजिक नियंत्रण या सामाजिक परिवर्तन का कारक है या नहीं यह प्रश्न भी तभी हल किया जा सकता है जब मीडिया के सामाजिक नियंत्रण या सामाजिक परिवर्तन के कारक के रूप में कार्य करने वाली सहायक या बाधक परिस्थितियों की पहचान कर लें। यह भी नहीं कहा जा सकता है कि मीडिया को राजनीतिक नियंत्रण या फायदा कमाने के व्यापार से दूर रखने के विचार से सामाजिक विकास को आगे बढ़ाया जा सकता है। अब विचारणीय बिंदु यह है कि क्या

समाज-निरपेक्ष ढंग से मीडिया को किसी बंधन से मुक्त किया जाना मुमकिन है या नहीं। सच तो यह है कि मीडिया का अध्ययन केवल इसके स्वरूप और भूमिकाओं में परिवर्तन करना नहीं होना चाहिए, बल्कि मुख्य रूप से सामाजिक संरचना परिवर्तन करना हो ताकि मीडिया के संदेशों का उत्पादन और प्रसार ही सामाजिक समस्याओं और अन्याय को खत्म करने के लिए किया जा सके।

यह व्यवसायिक लक्ष्यों की पूर्ति हेतु राजनीतिक और आर्थिक रूप से प्रभुत्व सम्पन्न सामाजिक समूहों पर निर्भर रहता है। इन्हीं से मिलने वाली सूचनाएं और समाचार, मीडिया की मुख्य विषय वस्तु होती हैं। मीडिया अपनी आर्थिक आवश्यकताओं की पूर्ति भी इन्हीं से करता है। उच्च समूह अपने स्वार्थों की पूर्ति हेतु मीडिया पर निर्भर रहता है फिर चाहे वोट इकट्ठा करना हो या खास काम पर जनमत को तैयार करना हो। इसलिए मीडिया की कार्य विधि और संगठन को समझने के लिए सामाजिक संरचना के इन शक्ति केंद्रों को समझना और मीडिया के संदर्भ में उनकी भूमिका की पहचान अति आवश्यक है। क्योंकि अपनी पूर्ण स्वायत्तता के बावजूद भी मीडिया इसी संरचना का भाग है। इसलिए मीडिया के स्वरूप और उसकी सामाजिक भूमिका का निर्धारण समाज विशेष की आर्थिक, राजनीतिक तथा सामाजिक दशा के परिप्रेक्ष्य में ही किया जा सकता है। प्रत्येक समाज में मीडिया के विकास की पृष्ठभूमि भिन्न होती है इसलिए मीडिया अध्ययन के मानक भी भिन्न होने चाहिए।

यह एक असाधारण संस्था होने के कारण इसकी गतिविधियां आर्थिक और राजनीतिक दोनों रूपों में काफी जटिल हैं। यह लगातार परिवर्तित होती प्रौद्योगिकी पर बहुत निर्भर होता है। इनकी इन गतिविधियों में ऐसी वस्तुओं और सेवाओं का उत्पादन शामिल है जिनमें से कुछ का उपयोग लोग अपने व्यक्तिगत संतोष के लिए करते हैं।

'मीडिया' को 'मास मीडिया' यानी जनमाध्यम कहा जाता है। यह जनमाध्यम इसलिए है क्योंकि सूचना, संस्कृति और विचार समाज की सामूहिक उत्पत्ति होते हैं और मीडिया का सम्बन्ध इन्हीं से है। मीडिया क्या करता है या क्या नहीं करता है, यह दोनों बातें समाज को प्रभावित करती हैं। इसीलिए प्रत्येक समाज में व्यापक जनहित में इन्हें नियंत्रित, प्रोत्साहित अथवा संरक्षित करने के विभिन्न तरीके अपनाए जाते हैं। मीडिया की भूमिका और कार्य बहुआयामी है। अगर यह दमन का माध्यम बन सकता है तो मुक्ति का साधन भी बन सकता है।

लोकतंत्र में मीडिया की भूमिका की बात करें तो इसमें मीडिया को चौथा स्तंभ माना गया है। स्वतंत्रता प्राप्ति के पश्चात भारत द्वारा संवैधानिक लोकतंत्र को अपनाया गया। अनेक अंतर्विरोधों से संपन्न सामाजिक रूपांतरण की नई प्रक्रिया का आरंभ हुआ। धर्म, जाति, लिंग आदि के आधार पर किए जाने वाले भेदभाव समाप्त करने की घोषणा की गई तथा सदियों से पिछड़े वर्गों की उन्नति और उत्थान के लिए क्रांतिकारी सामाजिक नीतियों का आरंभ हुआ। लोकतांत्रिक राजनीति के अंतर्गत विकास करने के लिए विशिष्ट मॉडल को तैयार किया गया जिसमें अधिकाधिक जटिल और विविधता मूलक सामाजिक ढांचे का राष्ट्रीय संगठन करना, उस आबादी का जीवन स्तर विकसित करना जिसका आर्थिक स्तर एक सदी से स्थिर और गिरता जा रहा था, समाज में समानता कायम करना जो सदियों से असमानता के सिद्धांत पर आधारित थी। लोकतंत्र आगे बढ़ा तथा सदियों से उपेक्षित बहुसंख्यक भारतीयों को लोकतंत्र को मजबूत बनाने के लिए प्रेरित किया गया।

सत्ता का केंद्र उच्च वर्ग ही था। अपनी सत्ता को अनेक स्तरों पर मिलने वाली चुनौतियों से निपटने की प्रक्रिया में यह उच्च वर्ग लोकतंत्र के आदर्श को भूलकर, अपनी सत्ता बनाने में उलझ गया। इसी उपभोगतावाद और वैभवपूर्ण जीवन शैली ने सामान्य रूप से जनता पर नकारात्मक प्रभाव डाला।

संचार के आधुनिक साधनों ने सामाजिक असमानताओं के प्रति सजगता को जरूरत से ज्यादा पैना बना दिया जिसके परिणामस्वरुप समाज की तर्कपरक या सुसंगत व्यवस्था की समझ विकृत हुई। सदियों से वंचित सामाजिक वर्ग की सत्ता में अपनी दावेदारी से प्रभु वर्ग के साथ उनकी तकराहट हुई जिसने लोकतंत्र के लिए नई - चुनौतियों को जन्म दिया।

वर्तमान समय में राजनीति और सत्ता के समीकरणों की पहचान मीडिया के माध्यम से हुई है। लोकतंत्र का अध्ययन एक तरफ मीडिया द्वारा सामाजिक, राजनीतिक घटनाओं की व्याख्या करना है तो दूसरी ओर स्वयं मीडिया, सामाजिक प्रक्रियाओं को किस तरह प्रभावित करता है, का अध्ययन भी है। अनेक मुद्दों पर जनमत के निर्माण में मीडिया की महत्वपूर्ण भूमिका लोकतंत्र की मुख्य पहचान बन चुकी है। यह राजनीति और जनजीवन का केंद्र बिंदु है। जैसे अन्य संस्थाओं की भूमिका सत्ता के चरित्र के साथ लोकतंत्र में बदलती है वैसे ही मीडिया भी अपनी भूमिका को बदल लेता है। अगर यह राजनीतिक निर्णयों के पीछे छिपे हुए, उद्देश्यों और निहित स्वार्थों की अनदेखी करके समाज में शक्ति के नकारात्मक प्रयोग को बढ़ावा दे सकता है तो जनता के निर्णयों की राजनीति में भागीदारी को प्रोत्साहित करके वह समाज को प्रगति के पथ पर अग्रसर भी कर सकता है।

मीडिया ही, लोगों को समाज की विविध समस्याओं से परिचित करवाता है और प्रशासन को जनता के प्रति जबाबदेह बनाने में कार्यरत होकर अन्य संस्थाओं की गतिविधियों को उजागर करके लोकतंत्र को मजबूत बनाने में योगदान देता है। सार्वजनिक जीवन के साथ-साथ लोगों के व्यक्तिगत जीवन में भी मीडिया की उपस्थिति सार्थक रूप से बढ़ी है लेकिन लोकप्रियता की चकाचौंध में मीडिया की प्रतिबद्धता अपनी चमक खो रही है। ऐसे में मीडिया के स्वरूप और कार्य के संबंध में मोटे तौर पर दो अलग-अलग दृष्टिकोण सामने आए हैं। कुछ

लोग मानते हैं कि मीडिया में गंभीर खबरों के स्थान पर मनोरंजक समाचारों की प्रधानता होती है। इसमें सामाजिक और राजनीतिक मुद्दों पर सारगर्भित विचार मंथन नहीं होता। मीडिया, साधन-संपन्न उच्च वर्ग के लोगों को ही अभिव्यक्त करता है और जनता के असली हितों की अनदेखी करता है। दूसरा मत यह है कि मीडिया में राजनीतिक विषयों की प्रधानता रहती हैं सूचनाओं और राजनीतिक विषयों की अधिकता होने के कारण मीडिया से लोग ऊबने लगते हैं इससे जनता की रुचि समाप्त होती है।

मीडिया और लोकतंत्र पर गंभीरता से विचार करना आवश्यक है। उदारीकरण, उपनिवेशीकरण और सामाजिक क्षेत्रों से सरकार के पीछे हटने जैसे अनेक कारणों से, लोकतंत्र की मौलिक परिभाषा अपना सही अर्थ खो रही है। अतः मीडिया लोकतांत्रिक शासन के मुद्दे पर अधिक संवेदनशील होकर कार्य करे। सामाजिक अन्याय और असमानता के विरुद्ध लोगों के संघर्ष को पानी देते हुए, लोकतांत्रिक मूल्यों के प्रति, मीडिया अपनी आस्था को पुष्ट करे। व्यवसायिक लाभ के चलते कुछ अमीर लोगों और व्यापारिक घरानों का एकाधि कार लोकतंत्र के लिए ठीक नहीं है। राष्ट्रीय और अंतरराष्ट्रीय स्तर पर विशाल बहुराष्ट्रीय निगमों ने मीडिया-बाजार के निर्माण में विचारों की अधिकता, मीडिया में लोगों की भागीदारी और उनके अभिव्यक्ति अधि कारों को बुरी तरह से प्रभावित किया। मीडिया में असली भागीदारी कुछ लोगों की है। जन आंदोलनों और प्रतिरोधी स्वरों को दबाने में कई बार सरकार और मीडिया मिल जाते हैं। एकाधिकारवादी मीडिया में गरीब और उपेक्षित लोगों के लिए प्रायः कोई जगह नहीं होती।

टेलीविजन बहुत तेजी से आक्रामक रूप से अपनी पहुंच बढ़ा रहा है। टेलीविजन चैनलों की संख्या बढ़ने के साथ ही दर्शकों की संख्या भी बढ़ रही है।

अनुमान और सर्वेक्षणों से मीडिया और मनोरंजन उद्योग के विस्तार की संभावनाओं का अंदाजा लगाया जा सकता है। विशेष रूप से मीडिया उद्योग में टेलीविजन के बढ़ते प्रभाव के आधार पर कहना मुश्किल है कि मीडिया की प्राथमिकता और सरोकार क्या हैं। एक उद्योग के रूप में अधिकाधिक लाभ अर्जित करना, एक सामाजिक संस्था के रूप में सामाजिक विकास को आगे बढ़ाना या लोकतंत्र के चौथे स्तंभ के रूप में कार्य करते हुए, नागरिकों को सूचना, शिक्षा और मनोरंजन प्रदान करना। सरकारी नीति रीती वाले 'प्रसार भारती' के अंतर्गत, आकाशवाणी और दूरदर्शन न सरकार की प्राथमिकता हैं और न ही लोगों की। समाचार पत्र भी उद्योग का क्षेत्र बन गए हैं। टेलीविजन और रेडियो को भी उद्योग कहा जाता है। इन सब का एक ही उद्देश्य है, वो है राजस्व वृद्धि और मुनाफा। सब में भारी पूंजी निवेश होता है। अलग-अलग कंपनियां बड़े व्यवसाई निगमों के रूप में बाजार पर कब्जा करने में व्यस्त हैं। मीडिया में स्वामित्व का स्वरूप बदल गया है, इस कारण अन्य रिश्तों में भी परिवर्तन आया है।

लोकतंत्र में बहुस्तरीय संवाद प्रक्रिया और व्यवस्था में लोगों की भागीदारी अति आवश्यक है और यह बात मीडिया का महत्व रेखांकित करती है। कोई व्यवस्था जिससे पारस्परिक संवाद हो सके, न होने के कारण प्रायः गरीब और वंचित लोगों की आवाज दबा दी जाती है। यह कार्य संवाद माध्यमों पर अधिकार से लेकर भाषा के एकाधिकार तक देखा जाता है। हिंदी राजभाषा होने पर भी सत्ता का कार्य अंग्रेजी में होता है। भाषाई मीडिया और जन आंदोलन इस स्थिति को बदल पाने में सफल न हो सके। फिर भी इसके बाद भी भारत में लोकतंत्र, कायम है तथा कई अर्थों में मजबूत हो रहा है। इसमें मीडिया की भूमिका ना हो ऐसा नहीं माना जा सकता। "इस प्रकार मीडिया की सहायता से सूचना का अधिकार कानून प्राप्त हो जाने से जनता की आशाएं भी बढ़ी हैं।"[2] लोग अपने अधिकारों के प्रति जानने

लगे हैं और शासन में भाग लेने के उपाय खोज रहे हैं। सूचनाओं की सुलभता बढ़ी है। साथ ही सूचना प्राप्त करने की लोगों की शक्ति में विकास हुआ है। दलित, महिलाएं और हाशिए पर उपेक्षित लोग अपनी बात कहने के लिए मीडिया का प्रयोग कर रहे हैं। अनेक जटिलताओं के बावजूद सूचनाओं का संग्रह और प्रसार, लोकतंत्र में जन भागीदारी बढ़ाने का कार्य करता है।

भारत में लोकतांत्रिक सिद्धांतों और सामाजिक सिद्धांतों में विरोधाभास रहा है जो टकराव का कारण है। शासन का रूप होने के कारण लोकतंत्र में सामाजिक सिद्धांतों का लोकतंत्रीकरण किया है। मीडिया के विभिन्न रूपों का प्रसार इस दिशा में सहायक रहा है। वर्तमान परिप्रेक्ष्य में यह तो स्पष्ट है कि मीडिया बहुत पैमाने पर समाज में परिवर्तन के लिए नेतृत्व नहीं कर सकता परंतु इस बात से भी इनकार नहीं किया जा सकता कि "इस उद्देश्य की पूर्ति के लिए विश्वसनीय जनमत के निर्माण में उसकी केंद्रीय भूमिका रही है। लोकतंत्र में अनेक कार्यक्रम राजनीति से प्रेरित होते हैं। सहमति का निर्माण करने के लिए राजनेताओं द्वारा मीडिया का इस्तेमाल किया जाता है।"[3]

मीडिया लोकतंत्र का चौथा स्तंभ है क्योंकि यह अन्य तीन स्तंभों (विधायिका, न्यायपालिका तथा कार्यपालिका) के कार्यों की निगरानी करते हुए, लोकतांत्रिक मूल्यों की रक्षा करता है। समाज की व्यापक समस्याओं को पहचानते हुए, उनके संबंध में विचार करने के लिए मंच प्रदान करता है। वह सरकारी नीतियों की कमियों और भ्रष्टाचार को उजागर करने वाले सजग प्रहरी के रूप में कार्य करता है। व्यवसायिक मीडिया, यथा-स्थिति का समर्थन करने में अपनी भलाई समझता है जिस कारण इसकी भूमिका लोकतंत्र विरोधी हो जाती है। राजनीतिक समाचारों का संचालन करते हुए, व्यक्ति को प्रधान तथा उसके कार्यों को गौण रूप में व्यक्त किया जाता है। प्रसिद्ध लोगों

के व्यक्तिगत जीवन की विशेषताएं, स्कैंडल और शैली बहुत बड़ी खबर बन जाते हैं। जबकि उनकी नीतियों के सामाजिक परिणाम क्या हैं इसकी कोई सूचना नहीं मिलती। छोटी सी बात को बढ़ा-चढ़ाकर और भयानक रूप से व्यक्त करके लोगों में भय पैदा किया जाता है और सामाजिक खतरों को नजर-अंदाज किया जाता है। मीडिया और लोकतंत्र के संबंध की बात करें तो मीडिया का लोकतंत्र से घनिष्ठ संबंध है। इसके कुछ गुण भी हैं और अवगुण भी। जैसे- मीडिया द्वारा साधारण जन की समस्याओं को सरकार तक पहुंचाने में सहयोग, लोगों को उनके अधिकारों के प्रति सचेत करना तथा रोज घटने वाली घटनाओं से लोगों का परिचय, इसके गुण हैं जिससे लोग घर बैठे अधिक से अधिक जानकारी देख और सुन कर ज्ञानार्जन करते हैं। वहीं दूसरी तरफ मीडिया का कुछ राजनीतिक स्वार्थों के लिए राजनीतिज्ञ व्यक्तियों के दबाव में आकर सही बात को लोगों के समक्ष प्रस्तुत न कर पाना आदि इसके अवगुण भी कहे जा सकते हैं। फिर भी, लोकतंत्र यानी लोगों का तंत्र जिससे समाज बनता है और समाज का संबंध मीडिया से है। समाज से ही मीडिया की अभिव्यक्ति होती है, समाज में परिवर्तन लाने का पूरा समर्थन मीडिया में है। मीडिया एक सामाजिक संस्था है यदि लोग उसका निर्माण और संचालन करते हैं तो लोग उसे बदल भी सकते हैं और उसे बदलना भी चाहिए। कई समाचार चैनलों द्वारा कई राष्ट्रव्यापी सर्वेक्षण किए गए जिनमें भारत के लोगों की स्थिति का जायजा लिया गया। इस तरह प्रशासन के समक्ष भारत की पूरी तस्वीर को लाया जा सकता है। भारतीय लोकतंत्र और मीडिया के लिए भारत के लोगों के पक्ष में बहुत कुछ करना अभी शेष है।

संदर्भ ग्रंथ

1. परिहार कालूराम; मीडिया के सामाजिक सरोकार, दिल्ली, अनामिका पब्लिशर्स, 2008. पृष्ठ - 23.

2. वही, वही, वही, पृष्ठ - 49.
3. वही, वही, वही, पृष्ठ - 50.

सहायक ग्रंथः

1. दुबे अभय कुमार; लोकतंत्र के साथ अध्याय, नई दिल्ली, वाणी प्रकाशन, 2002.
2. पांडे अरुण; हमारा लोकतंत्र और जानने का अधिकार, नई दिल्ली, वाणी प्रकाशन, 2002.
3. गौतम रूपचंद; इलेक्ट्रॉनिक मीडिया के सिद्धांत, दिल्ली, नटराज प्रकाशन, 2003.
4. आर्य पी. के.; इलेक्ट्रॉनिक मीडिया, दिल्ली, प्रतिभा प्रकाशन, 2006.

2

भूमंडलीकरण और मीडिया

– डॉ. अंशु यादव

वर्तमान समय में मीडिया एक सशक्त माध्यम के रूप में हमारे बीच मौजूद है। आज वह बहुआयामी या मल्टीमीडिया में तब्दील हो चुका है जैसे- प्रिंट मीडिया, इलैक्ट्रानिक मीडिया, साइबर मीडिया। आधुनिक तकनीक के कारण मीडिया का संदेश पल भर में विश्व के किसी भी कोने तक आ जा सकता है।

मीडिया के ये विविध रूप, सूचना भी प्रदान करते हैं और ज्ञान एवं संवेदना का व्यापक प्रसार भी करते हैं। इस प्रकार मीडिया ने व्यक्ति को पहले से अधिक जागरुक व सूचना-संपन्न बनाने में महत्त्वपूर्ण योगदान दिया है। इस दृष्टि से देखा जाए तो भूमंडलीकरण के व्यापक परिदृश्य में मीडिया की भूमिका भी अत्यंत महत्त्वपूर्ण हो गयी है उसकी जवाबदेही बढ़ गई है लेकिन दूसरी ओर मीडिया पर बाजारवादी ताकतों का वर्चस्व भी बढ़ गया है। देखा जाए, तो वर्तमान मीडिया 'भूमंडलीय मीडिया' में परिवर्तित हो चुका है, वह बाजारवादी सिद्धांतों से ही परिचालित है। जिसे लोकतंत्र का 'चौथा स्तंभ' कहा जाता था वह 'मीडिया उद्योग' के रूप में तब्दील हो

चुका है और उद्योग लोककल्याणकारी भूमिका के अनुरूप कार्य नहीं करते। वे तो लाभ-हानि के गणित से ही चलते हैं। वर्तमान संदर्भों में मीडिया सूचनाओं को परोसने या यूँ कहें कि बेचने का ऐसा माध्यम बन गया है कि जो चाहे जनता तक पहुँचाओ, जनता उसे स्वीकार कर ही लेगी।

जबकि उन्नीसवीं शताब्दी और स्वतंत्रता पूर्व की पत्रकारिता ने स्वतंत्रता आंदोलन को जन आंदोलन बनाने में महत्त्वपूर्ण भूमिका का निर्वाह किया था। जनप्रतिरोध को आवाज देने का एक अहम् कार्य संपन्न किया एवं समाज और राष्ट्र निर्माण को अपना लक्ष्य बनाया। प्रतिष्ठित पत्रकारों को छोड़कर अन्य सभी, विशेष रूप से हिंदी के पत्रकारों की तो स्थिति भी चिंताजनक थीं। लेकिन, सीमित साधन, निरंतर दैनिक संकटों से जूझना, धीमे समाचार प्रेषण के बावजूद इस समय की पत्रकारिता अपने उत्तरदायित्व को बखूबी निभा रही थी। इसी कारण भारतीय पत्रों को बार-बार ब्रिटिश हुकूमत के कोप का भाजन बनना पड़ा था। संपादक बार-बार जेल गए लेकिन फिर भी संपादकों ने राष्ट्रीय चेतना का अलख जगाने में कोई कमी नहीं आने दी। 'उदंतुमार्तण्ड' और 'सामदंड मार्तण्ड' के प्रकाशन की बीच की अवधि में विभिन्न स्थानों से कठिन परिस्थितियों में हिन्दी के कई पत्र प्रकाशित हुए। इस बीच प्रकाशित होने वाले पत्रों में 10 मई 1829 को राजा राममोहन राय द्वारा निकाला गया 'बंगइत', 1845 गोविंद नारायण थत्ते के संपादन में निकला 'बनारस अखबार', कलकत्ता से 11 जून, 1846 को निकला 'मार्तण्ड' और 6 मार्च 1848 को इंदौर से निकला 'मालवा अखबार' शामिल हैं। ये सभी पत्र-विशेष उद्देश्य के तहत निकाले गए थे। भले ही सीमित साधनों के चलते इन की आयु कम रही हो लेकिन इनके आदर्श एक मिसाल थे।

हिंदी साहित्य से जुड़े व्यक्तियों का हिंदी पत्रकारिता के विकास में महत्त्वपूर्ण योगदान रहा है। ऐसे पत्रों की एक लंबी सूची है

जिन्होंने स्वाधीनता संघर्ष के दौरान हिंदी भाषण के विकास के साथ जन–जागरण और और समाज–सुधार का कार्य भी पूरे जोर–शोर के साथ किया। इस श्रृंखला में भारतेन्दु हरिशचंद्र और भारतेन्दु मंडल के रचनाकारों का प्रयास अविस्मरणीय हैं हिंदी पत्रकारिता को समृद्ध, उन्नत व बहुमुखी बनाने में भारतेन्दु का योगदान अद्वितीय है। उन्होंने भाषा से लेकर जनता के विचारों तक को शुद्ध और परिमार्जित करने का महान कार्य किया है। वे अनेक पत्रों के प्रकाशन के प्रेरक थे। कवियों और लेखकों का पूरा समूह तैयार किया। प्राचीन साहित्य को प्रकाश में लाए। साहित्य की अनेक विधाओं के विकास का श्रेय उनका है। भारत की दुर्दशा पर आंसू बहाने की बजाए उन्हें जगाने, स्वतंत्रता प्राप्त करने, अंग्रेजों की दासता से मुक्त होने की प्रेरणा जन–जन तक उन्होंने पहुंचाई।

स्वतंत्रता आंदोलन के दौर में पत्रकारिता एक चुनौती भरा कार्य थी। वह देश की आजादी और साधारण नागरिकों को जागृत करने के लिए लड़ रही थी। पत्रकारिता एक व्यवसाय नहीं थी, वह एक मिशन थी। मोहनदास करमचंद गांधी, बाल गंगाधर तिलक, गणेश शंकर विद्यार्थी, बाबू विष्णुराव पराडकर, बनारसीदास चतुर्वेदी, लक्ष्मण नारायण गर्दे, अंबिकाप्रसाद वाजपेयी आदि जैसे प्रतिबद्ध पत्रकार, स्वतंत्रता आंदोलन के दौर की ऐसी शख्सियतें हैं जिन्होंने औपनिवेशिक राजसत्ता को झकझोर कर रख दिया था।

गांधी जी ने स्वयं पत्रकार के रूप में देश को जगाने व मानसिक तौर पर तैयार करने का काम किया। उन्होंने सत्याग्रह, यंग इंडिया, नवजीवन आदि पत्रों का प्रकाशन किया।

'हरिजन', 'हरिजन सेवक' और 'हरिजन बंधु' नाम के पत्र निकाले।

गांधी जी ने पत्रकारिता को वैचारिक क्रांति का ऐसा माध्यम बना दिया कि भारत की विभिन्न भाषाओं में निकलने वाले पत्रों पर भी

गांधी जी की विचारधारा का प्रभाव स्पष्ट नजर आता है। "15 नवंबर 1831 को भी दादाभाई नोरोजी ने गुजराती में 'रस्तगुफ्तार' नामक पत्र निकाला। राजा राममोहन राय का 'बंगदूत' बंगला, हिंदी, फारसी तथा अंग्रेजी में छपता था और समाज-सुधार का पत्र था। बाल गंगाधर तिलक ने मराठी में 'केसरी' नाम से प्रकाशित होने वाले साप्ताहिक पत्र के साथ जुड़कर कई उग्रलेख लिखे। इन लेखों के आधार पर उन्हें कई बार सजा सुनाई गयी। इन उग्रलेखों से जहाँ जन जागृति फैली वहीं भारतीय संग्राम के प्रमुख नेता के रूप में यह सामने आये। 'स्वाधीनता मेरा जन्म सिद्ध अधिकार है, यह नारा उन्होंने ही हमें दिया। श्री मदन मोहन मालवीय ने दैनिक 'हिन्दुस्तान' का संपादन किया और पंडित मोतीलाल नेहरू 'लीडर' के निदेशक मण्डल के प्रथम अध्यक्ष बने। लाला लाजपत राय की प्रेरणा से 'पंजाब', 'वंदेमारतम', 'पीपुल' नाम के पत्र लाहौर से निकले। श्री सुभाष चंद्र बोस ने 'फारवर्ड' और 'एडवांस' पत्रों के साथ जुड़ कर राष्ट्रीय पत्रों को चलाया। श्री जवाहर लाल नेहरू जी ने 'नेशनल हेराल्ड' पत्र की स्थापना की और उसमें स्वयं भी लिखते रहे।" कुछ क्रांतिकारी पत्रों की भी महत्त्वपूर्ण भूमिका रही। जैसे- शंखनाद, रणभेरी, चिंगारी, रणडंका, तूफान और बवंडर आदि।

निस्संदेह, इस जनोन्मुख पत्रकारिता की मिसाल नहीं मिलती। जिन आदर्शों और संकल्पों को लेकर इस पत्रकारिता की नींव रखी गई थी। वे सब समय के साथ-साथ धूल-धूसरित होते गए। आजादी के उपरांत सामाजिक-आर्थिक परिदृश्य में तीव्रगति से परिवर्तन आए आर्थिक प्रतिद्वंद्विता में भी वृद्धि हुई। आजादी, जागरुकता और विकास के प्रश्नों को मिशन बनाकर चलने वाली पत्रकारिता व्यवसाय में तब्दील होने लगी। 'आजादी के बाद पत्रों की संख्या बढ़ी, प्रसार संख्या बढ़ी, बड़े-बड़े औद्योगिक घराने, पत्र उद्योग में आने लगे क्योंकि लगने लगा कि पत्र प्रकाशन के लिए पर्याप्त धन की जरूरत

है जो कि उद्योगपति ही पूरा कर सकते हैं। जब उद्योगपतियों को लगा कि पत्रों से न सिर्फ मुनाफा कमाया जा सकता है, बल्कि पत्र एक 'हथियार' भी होगा 'हित साधक' होगा, प्रतिष्ठा और दबदबा भी रहेगा सो कई घराने इस उद्योग में आए। नई से नई टेक्नालोजी से पत्र छपने लगे। लेकिन मुद्रण क्रांति या सुधार के साथ विकृतियाँ भी आने लगीं। कई जगह जनहित की जगह, व्यापारिक हित, को बढ़ावा दिया जाने लगा। विश्व युद्ध के समय भारतीय पत्रों के व्यवसाय बनने से जिस जनोन्मुख पत्रकारिता का क्षरण शुरू हुआ था, उसे गति मिलने लगी।

स्पष्ट है कि धीरे-धीरे पत्रकारिता का स्वरूप एकांगी होता चला गया। लेकिन वर्तमान समय में स्थितियाँ बिल्कुल बदल चुकी हैं। आज का समय 'सूचना विस्फोट' का समय है, हाईटेक समय है। संचार और सूचना के नित नए साधन उपलब्ध हैं। मीडिया का स्वरूप इतना व्यापक हो चुका है कि एक ही क्षण में आप अनेक माध्यमों से जुड़े रह सकते हैं। टेलीफोन एवं कम्प्यूटर का इंटरनेट पर इस्तेमाल कर सकते हैं। व्यापारिक लेन-देन के अब तक के सभी तरीकों को इंटरनेट ने एकदम बदल दिया है। यह एक तरह से पुराने माध्यमों की अस्मिता के लोप का युग है।"

यही कारण है कि हमें विभिन्न सूचनाओं का सीधा प्रसारण देखने को मिलता है। राष्ट्रीय अखबारों की तुलना में भाषायी व क्षेत्रीय अखबारों का संजाल फैल चुका है। अनगिनत चैनल हैं केवल मीडिया की व्याप्ति दूर-दराज के अंचलों तक है। देश की लगभग सभी पत्र-पत्रिकाओं के इंटरनेट संस्करण भी उपलब्ध हैं। भूमंडलीकरण मीडिया का यह स्वरूप वैश्विक पूंजी और टेक्नोलॉजी की दृष्टि से देखा जाये तो नयी-नयी संभावनाओं से भरपूर है। लेकिन क्या आधुनिकतम अस्त्रों से लैस वर्तमान मीडिया 'लोकतंत्र का पहरूआ' होने की अपनी भूमिका के साथ न्याय कर पा रहा है? क्या आजादी से

पूर्व की पत्रकारिता का आमजन यहां गायब नहीं हो गया है? इसीलिए मीडिया की वास्तविक भूमिका की पड़ताल आवश्यक हो जाती है।

दरअसल वर्तमान मीडिया सिर्फ सूचनाओं, खबरों, विचारों की ही पूर्ति का माध्यम न बनकर नई संस्कृति के प्रचार-प्रसार का वाहक बन गया है। लेकिन इस नई संस्कृति में हमारे सामाजिकता के नैतिक मूल्यों के लिए कोई स्थान नहीं दिखाई देता। बाजारवाद के बढ़ते प्रभाव के कारण सूचनाएं बिकाऊ माल में तब्दील हो चुकी हैं विकासशील देश, विकसित देशों के बहुराष्ट्रीय निगमों की उस मुहिम का मोहरा बन गए हैं जो नये रूप में तीसरी दुनिया के देशों पर अपना आधिपत्य जमाना चाहती है। बहुराष्ट्रीय निगम चाहते हैं कि भारत के लोगों की बुनियादी जरूरतें पूरी हों या न हों लेकिन दूरदराज के गाँवों तक भी कम्प्यूटर और सूचना प्रौद्योगिकी जैसी सुविधाएँ आसानी से पहुँच जाएं यानी कि जमीनी हकीकत कुछ भी रहे पर ऊपरी स्तर पर गाँव आधुनिकतम सुविधाओं से लैस हो जाएं। "सूचना और संचार के सहित व्यापार के सभी क्षेत्रों में बहुराष्ट्रीय कंपनियों के तीसरी दुनिया में विस्तार के लिए साम्राज्यवादी देश नई विश्व सूचना और संचार व्यवस्था की बात करते हैं।...... उनका वास्तविक मकसद सिर्फ यह होता है कि सूचना प्रौद्यागिकी के क्षेत्र में वे अपने व्यापारिक हितों का विस्तार कर सकें। साथ ही साथ वे इसके माध्यम से वहाँ की जनता के बीच विचारधारात्मक के प्रभाव का भी विस्तार कर सकें।" भारत जैसे देशों में सूचना और संचार के क्षेत्रों में बहुराष्ट्रीय निगमों और संस्थानों का विकास और विस्तार इसी दिशा में आगे बढ़ रहा है और इस गठजोड़ का परिणाम इस रूप में हमारे सामने आ रहा है।' मीडिया में विदेशी पूंजी निवेश का प्रमुख परिणाम यह निकला है कि लोकतंत्र का चौथा स्तंभ अंततः सरकार और कॉरपोरेट जगत का चौथा स्तंभ बन गया है। राष्ट्रीय संप्रभुता के लिए वैचारिक तौर पर खतरा पैदा हो गया है। टीवी पत्रकार समृद्ध और प्रभावशाली

अभिजात्य वर्ग का हिस्सा बन गए हैं। जिनका मूल्यांकन करना होता हैं। उनके साथ यारी-दोस्ती अथवा रोज बैठकें करते रहते हैं। ऐसे में मूल्यांकन कितना वस्तुगत होगा, सहज ही कल्पना कर सकते हैं। रेडियो और टीवी के पत्रकारों को तरह-तरह के पुरस्कारों के जरिए सम्मानित किया जा रहा है। पहले पत्रकार बाहरी व्यक्ति कहलाता था। किंतु इन दिनों आंतरिक कहलाता है।

भूमंडलीकरण मीडिया व्यवसायिकता के दबावों के अनुरूप कार्य कर रहा है। हालाँकि व्यवसायिक होना अपने आप में बुरा नहीं हैं लेकिन पिछले कुछ दशकों से धीमी चाल से आगे बढ़े हुए, विशेष रूप से उदारीकरण और भूमंडलीकरण की शुरुआत के साथ ही मीडिया का स्वरूप इतना अधिक बदल गया है कि अपने व्यवसायिक हितों को पूर्ण करने से कहीं अधिक उनका दोहन किया जा रहा है। वर्तमान मीडिया 'ब्रांड' की अवधारणा को लिए हुए है। 'ब्रांड' की अवधारणा और उपभोक्तावाद के प्रसार ने मीडिया को भी बाजार बना दिया है। "इन सबसे ग्रामीण जीवन तेजी से बदल रहा है। वहाँ उपभोक्ता वस्तुएँ ज्यादा खपने लगी हैं। सर्वे करने वाले और अन्य विद्वान बताते हैं कि कुल उपभोक्ता वस्तुओं का एक बड़ा हिस्सा ग्रामीण जीवन में खप रहा है। रोजमर्रा की चीजों के प्रसिद्ध ब्रांड खूब बाजार बना रहे हैं। इनमें घरेलू सामान से लेकर कपड़े, सौंदर्य प्रसाधन, तेल फुलेल, जूते, वाहन आदि शामिल हैं और अब मोबाइल भी बढ़ रहे है।..... गाँव की जनता में ब्रांड बोध् बढ़ रहा है वे ब्रांडेड सामान, पैक्ड सामान को बेहतर समझते हैं।..... बाजार का निर्माण और मीडिया का निर्माण अब संग-सग चलने लगता है...... अब मीडिया बाजार को बनाता है और बाजार मीडिया को बनाता है।"

चाहे प्रिंट मीडिया हो या इलैक्ट्रानिक मीडिया हर कोई किसी भी कीमत पर प्रसार संख्या और टी.आर.पी बढ़ाने के लिए ही कार्य कर रहे हैं। स्टिंग ऑपरेशन, सनसनीखेज घटनाओं, यौन अपराधों का

चित्रण, सांप्रदायिक दंगे, ज्योतिष, सास–बहू की साजिशें आदि से लेकर बड़ी हस्तियों के व्यक्तिगत जीवन, भड़काऊ जीवन से जुड़ी मसालेदार खबरों को परोसना, मीडिया का स्वभाव बन गया है। खबरों का समाचारों का महत्त्व उनके 'बिक्री तत्त्व' में दिया है। "टनोलाइट मीडिया, जिसमें बड़े अखबार, मैगजींस भी शामिल हैं या तो किसी महत्त्वपूर्ण घटना को हंसी–मजाक में उड़ा देते हैं या किसी छोटी घटना का घंटों टेलीविजन पर प्रसारण करते रहते हैं। दूसरी चिंता यह है कि मीडिया के पास सार्वजनिक दायरे संबंधी गुणवत्तापूर्ण कवरेज का अभाव है। वह सिर्फ पैसा बनाने में लगा है और ऊटपटांग चीजें दिखाता रहता है। लोकप्रियता और टीआरपी के चक्कर में टेलीविजन अंधविश्वास, दकियानूसी और समाज को पीछे धकेलने वाली सामग्री परोस रहे हैं। भारत में अभी भी अखबारों का प्रभाव बाकी है। संभवतः इसीलिए टीवी चैनल सनसनीखेज खबरों के पीछे पड़े हैं। सस्ते भड़काऊ गानों, सेक्सी डांस या बच्चों के रियलिटी शो के नाम पर नितांत छोटी बच्चियों से डांस करवाना और पर्यावरण विनाश, शहरी जीवन में बढ़ती परेशानियों या ग्रामीण विस्थापन को नजरअंदाज करना यह टीवी चैनलों के टेबोलाइट में बदलने के लक्षण हैं।

निस्संदेह बाजारवाद की इस आंधी में सारी चीजें 'बिक्री तत्त्व' की दृष्टि से देखी जाने लगी हैं। कृत्रिम जीवन का एक ऐसा मायालोक रच दिया गया है कि वास्तविक सत्य कई गुना दूर चला गया है।

भूमंडलीय ग्राम की इस अवधारणा ने बाजारवादी मानसिकता का ऐसा बीजारोपण किया है कि हर चीज का वस्तुकरण कर दिया है। भारत एक विकासशील देश है और निरंतर आगे बढ़ने के लिए प्रयासरत भी है। लेकिन आज भी कुछ ऐसे महत्त्वपूर्ण और संवेदनशील मुद्दे हैं जिन पर विचार करना जरूरी है, सैंकड़ों ऐसे मुद्दे हैं जो मीडिया के संपूर्ण परिदृश्य से नदारद हैं। भारत जैसे कृषि प्रधान देश में सैंकड़ों किसान गंभीर कृषि संकट के चलते आत्महत्या

कर लेते हैं। ऐसी खबरें न तो मुख्य समाचार के रूप में प्रथम पृष्ठ पर स्थान पाती हैं और न ही उन्हें किसी चैनल की हेडलाइन के रूप में जगह मिलती है। कारण स्पष्ट है कि ऐसी खबरें टीआरपी बढ़ाने में योगदान नहीं देती हैं। किसानों की दुर्दशा के कारणों की पड़ताल नहीं की जाती बल्कि 'हाई प्रोफाइल' केस की तफसील से शिनाख्त की जाती है, ऐसा लगता है कि बाजार ने मीडिया को भी अपने रंग में रंग लिया है। मीडिया अब खबरें उत्पाद के रूप में बेचता है, ज्यादा से ज्यादा लाभ की कीमत पर।" 'खबरों में बड़ी खबर करोड़पति-अरबपति की होती है, सैलिब्रिटी की होती है। कार्यकारी अधिकारी अथवा व्यापार विकास दर की खबर बड़ी खबर होती है संपदा और उसके वैभव में चैनलों का संसार खोया हुआ है। यह संपदा के वैभव का थोड़ा प्रदर्शन भर है। खबरों के नाम पर मीडिया कचरा खबरों का ढेर लगा रहा है। कायदे से कहें तो समाज पर खबरें कम, कचरा ज्यादा फेंका जा रहा है। खबर का अर्थ है सूचना देना। खबरों में अब सूचना नहीं होती बल्कि खबरें, आरोपित होती हैं। ये वे खबरे हैं जो जबरदस्ती बनाई गई हैं। इन खबरों से सार्वजनिक बहस पैदा नहीं होती। जनतंत्र के लिए ऐसी खबरें साखन मानी जाती हैं जो सार्वजनिक मुद्दों पर सार्वजनिक बहसों को जन्म दें। वास्तव में, सूचना तकनीकी पर पूंजी के बढ़ते शिकंजे ने अनगिनत समाचार विकृतियों को जन्म दिया है। वास्तव में चौबीस घंटे समाचार प्रसारित करने की विवशता ने भी कई समस्याएँ खड़ी कर दी हैं। सभी चैनल 'एक्सक्लूसिव' खबर दिखाने के लिए बार-बार उन्हीं खबरों का प्रसारण करते हैं जिसकी वजह से खबरों में दोहराव की स्थिति पैदा हो जाती है।

परिवर्तन सृष्टि का नियम हैं इसीलिए समय दर समय मीडिया की भूमिका भी बदलती रही है। उन्नीसवीं शताब्दी में वह सुधारवादी आशय लिए हुए थी, बाद में उसने स्वतंत्रता आंदोलन को दिशा देने

में मुख्य भूमिका निभायी, लेकिन स्वतंत्रता प्राप्ति के बाद मीडिया का स्वरूप बहुत अधिक बदल जाता है। उस पर धीरे-धीरे व्यवसायिकता का बढ़ता प्रभाव दृष्टिगोचर होने लगता है। लेकिन इन स्थितियों के बावजूद बाजार के प्रभाव से परिचालित होते हुए भी संपूर्ण मीडिया की भूमिका को नजरअंदाज नहीं किया जा सकता, उसकी मूल भूमिका को कठघरे में खड़ा नहीं किया जा सकता। 'संचार माध्यम समस्याओं और आम लोगों के बारे में चर्चा कर जनता की भागीदारी बढ़ा सकते हैं। यदि जनसंचार माध्यमों ने अपनी भूमिका में लापरवाही बरती तो चंद मुट्ठी भर लोग, नीति निर्धारण की प्रक्रिया पर आसानी से कब्जा जमा सकते हैं और फिर जनता की भागीदारी को सार्वजनिक सेवा और मनोरंजन कार्यक्रमों के बीच इस तरह प्रस्तुत किया जाता है मानो यह बोझ है। लोग धीरे-धीरे मनोरंजन प्रधान कार्यक्रमों के आदी हो जाते हैं और सामाजिक कर्त्तव्यों की कर्मभूमि सिकुड़ती जाती है। ऐसी स्थितियों में विदेशी एजेंसियां अपना स्वार्थ सिद्ध करने के लिए जनसंचार माध्यमों का सहारा लेने में भी हिचक महसूस नहीं करती।" यही हुआ है भी इसीलिए जनसरोकार और जनप्रतिबद्धता में पहले की अपेक्षा अवश्य कमी आई है, किंतु मीडिया में पाठक और दर्शक की जनसहभागिता भी बढ़ी है। विभिन्न कार्यक्रमों में वैचारिक बहसों में सर्वेक्षण जनमत संग्रह व समसामयिक टिप्पणियों में जनभागीदारी का विस्तृत स्वरूप देखा जा सकता है। इसके अतिरिक्त कुछ केस और मुद्दे ऐसे भी रहे हैं जिनको प्रकाश में लाने और उन पर त्वरित कारवाई के संदर्भ में मीडिया की पहल ने केस का रुख ही बदल दिया। बहुत से मामले तो ऐसे रहे हैं जिनमें मीडिया की पहल के कारण ही दोषियों और अपराधियों को सलाखों के पीछे पहुंचाया जा सका। प्राकृतिक आपदाओं जैसे सुनामी त्रासदी, भूकंप, उत्तराखण्ड और केदारनाथ में भीषण प्राकृतिक आपदा, वर्तमान समय में भी देश के विभिन्न हिस्सों में भीषण सूखे की स्थितियों का सीधा प्रसारण और ऐसी आपदाओं से बचने के लिए किए गए सार्थक मानवीय प्रयासों

को सामने लाकर मीडिया ने अपने मानवीय उद्देश्यों के संचालित रूप को ही उजागर किया है।

निःसंदेह मीडिया की मानवीय और जनहितकारी भूमिका अभी भी कायम है लेकिन भूमंडलीय दवाबों के चलते इस भूमिका का उतना विस्तार नहीं हो पा रहा है जितना होना चाहिए। यहाँ मीडिया की अतिरिक्त जवाबदेही की मांग भी बढ़ जाती है। इसी तरह हमारे देश में आधी जनता भयानक गरीबी और भुखमरी की अवस्था में रह रही है इसे सब जानते हैं किन्तु इसका कभी-कभार कवरेज आता है। हमारे यहाँ प्रेस पूरी तरह स्वतंत्र है इसके बावजूद यदि निरंतर कवरेज नहीं आता तो हमें स्वतंत्र प्रेस और अभिव्यक्ति की आजादी के परे जाकर सोचना होगा। भूखमरी, सूखा, गरीबी को लेकर मीडिया उतना संवदेनशील नहीं है जितना उसे होना चाहिए। आमतौर पर इस मामले में मीडिया में जागरुकता का अभाव सहज ही देखा जा सकता है।" निश्चित रूप से तीसरी दुनिया का विकासशील देश होने के कारण भारत के सामने प्रश्न एवं समस्याएँ मुँह बाये खड़ी हैं, जिनको हल करने में मीडिया के बहुआयामी रूप की बहुत बड़ी भूमिका हो सकती है। भूख, गरीबी अंधविश्वास, अज्ञानता, महंगाई, भ्रष्टाचार जैसी समस्याओं से जूझते हुए, भारत में मीडिया, जनचेतना और जनजागरण की एक नई लहर का बहुत बड़ा वाहक बन सकता है। लेकिन विकास पथ पर द्रुतगति से बढ़ते भारत के विकराल मुद्दों को लेकर मीडिया उतना गंभीर नहीं है जितना कि इसे होना चाहिए।

वास्तव में, ये कुछ ऐसी गंभीर एवं विचारणीय समस्याएं हैं जिनको केंद्र में रखते हुए, मीडिया की वास्तविक भूमिका की पहचान की जा सकती है क्योंकि एक समतामूलक एवं समृद्ध देश एवं समाज के निर्माण में मीडिया की अपनी युगांतकारी भूमिका है- सामाजिक-राजनीतिक विकास की नजरदारी करना, चौकसी करना। इससे जुड़े सबसे प्रमुख प्रासंगिक मुद्दों को सामने लाना, विभिन्न

किस्म के लोगों को एक मंच पर विवाद के लिए आना। इसके लिए जो अधिकारी जिम्मेदार हैं, उन्हें चिन्हित करना जिससे वे अपने अधिकारों का प्रयोग कर सकें। नागरिकों के सामने सभी विकल्पों को पेश करना जिसमें वे चुन सकें और राजनीतिक प्रक्रिया में शामिल हो सकें, उन शक्तियों का प्रतिवाद कर सकें जो अपने दबाव के जरिए, नागरिक स्वाधीनता का हनन करते हैं। आमतौर पर मीडिया को अपनी इस भूमिका को निभाते हुए, हम देख ही नहीं पाते।" सच तो यह है कि अब मीडिया को अपनी इस भूमिका में आगे आना होगा। एक लोकतांत्रिक समाज के निर्माण में अपने योगदान को स्पष्ट करना होगा।

निश्चित रूप से मीडिया का यही चरित्र उसका वास्तविक चरित्र होगा जो सच्चे अर्थों में जनहितकारी होगा। वर्तमान समय में मीडिया को अपने इसी रूप का विस्तार करना होगा। उसे लोगों में एक विवेकात्मक चेतना, समृद्ध करनी होगी। खबर को, सनसनी फैलाने का वाहक न बनाकर उसे विकासमूलक परिप्रेक्ष्य में प्रस्तुत करना होगा तभी वह जनतंत्र को मजबूत करने की दिशा में सकारात्मक भूमिका का निर्वाह कर सकता है, अपने देश और समाज के साथ न्यायपूर्ण रोल में आ सकता है।

संदर्भ ग्रंथ

मीडिया के पचास वर्ष, संपा. प्रेमचंद्र पातंजलि, पृ. 18.

हिंदी पत्रकारिता: सिद्धांत और स्वरूप, सविता चड्ढा, पृ. 148.

हिन्दी पत्रकारिता: सिद्धांत और स्वरूप, सविता चड्ढा, पृ. 1491.

पत्रकारिता के उत्तर आधुनिक चरण, कृपाशंकर चौबे, पृ. 32.

मीडिया समग्र भाग-2, जगदीश्वर चतुर्वेदी, पृ. 165.

जनसंचार के सामाजिक संदर्भ, जवरीमल्ल पारख, पृ. 77.

मीडिया समस्त भाग-9, जगदीश्वर चतुर्वेदी, पृ. 10.

भूमंडलीय समय और मीडिया, सुधीश पचौरी, पृ. 56.

मीडिया और सामाजिक बदलाव, जोसेफ गाथिया, पृ. 8.

वैकल्पिक मीडिया लोकतंत्र और नॉम चोमस्की जगदीश्वर चतुर्वेदी, सुधा सिंह, पृ. 18.

हिंदी पत्रकारिता का इतिहास, पृ. 10.

दायरे, पृ. 11.

वैकल्पिक मीडिया- पृ. 192.

चॉमस्की पृ. 185.

इंटरनेट और संचार साम्राज्यवाद, जगदीश्वर चतुर्वेदी

3

मीडिया और लोकतंत्र

– डा. रिनि पुंडीर, डॉ. कृष्णा कुमारी

मीडिया समाज का आईना होता है। इससे एक व्यापक क्षेत्र का बोध होता है, जो एक प्रदेश, देश या सम्पूर्ण विश्व में रहने वाले लोगों तक एक समय पर सूचना संप्रेषित किये जाने का माध्यम है। मीडिया, जनता की सोच, इच्छा, विचार एवं व्यवहार की अभिव्यक्ति का माध्यम है। यह जहां व्यक्ति को व्यक्तित्व के सर्वोन्मुखी विकास एवं प्रगति के लिए स्वास्थ्य, शिक्षा, ज्ञान, मनोरंजन तथा रोजगार, व्यापार एवं व्यवसाय आदि से संबंधित जानकारी उपलब्ध कराता है। वहीं सामाजिक जीवन के विविध पक्षों को उजागर करता है। इतना ही नहीं, मीडिया, आज का समाज, राजनीति, आर्थिक, सांस्कृतिक एवं पर्यावरण सहित मानव जीवन के प्रायः सभी पक्षों को आच्छादित करता है।

लोकतंत्र को पूरे विश्व में स्थापित करने के लिए मीडिया ने एक महत्वपूर्ण भूमिका निभाई है। 18वीं शताब्दी के बाद विशेष रूप से अमेरिकी स्वतंत्रता आंन्दोलन और फ्रांसीसी क्रांति के समय से मीडिया जनता तक पहुंचने और ज्ञान के साथ उन्हें सक्षम बनाने में महत्वपूर्ण भूमिका निभा रही है। मीडिया को लोकतांत्रिक शासन में 'चौथा स्तंभ'

के रूप में देखा जाता है। कार्यपालिका, विधायिका एवं न्यायपालिका को गलती या ज्यादती करने से रोकता है। यह संविधान के संकल्पों, लोकतांत्रिक पद्धति तथा लोक चेतना को जागृत एवं संपुष्ट करता है और समाज में समयानुकूल परिवर्तनों को आगे बढ़ाता है। लोकतांत्रिक प्रणाली के स्वतंत्र अस्तित्व को बनाए रखने में महत्वपूर्ण भूमिका अदा करती है। परन्तु प्रेस एवं मीडिया की वर्तमान स्थिति के बारे में प्राण चौपड़ा ने कहा कि यह अधिक से अधिक नगरोन्मुख होती जा रही है। अपने प्राथमिक कार्य से दूर हो रही है। इसे संपूर्ण समुदाय की आवाज और अंतर्मन होनी चाहिए।

मीडिया से तात्पर्य जनसंचार के माध्यम, समाचार पत्र-पत्रिकाएं, समाचार पत्रों, पत्रिकाओं, रेडियो, टेलीविजन तथा चलचित्रों से है। जहां तक समाचार पत्रों का सवाल है तो इन्होंने शुरू से ही मानव दृष्टिकोण एवं विचारों को प्रभावित किया है। लोकमत के निर्माण में इसकी भूमिका सर्वाधिक सशक्त और महत्वपूर्ण रही है। दुनिया के तमाम देशों में हुई सामाजिक एवं राजनीतिक क्रांतियों के अलावा भारत में स्वाधीनता संघर्ष में समाचार पत्रों ने अभूतपूर्व भूमिका निभाई है।

भारतीय मीडिया ने अखबार तथा रेडियो से लेकर वर्तमान युग में टेलीविजन और सोशल मीडिया तक एक लंबा सफर तय किया है। इसे स्वस्थ, जनोपयोगी होना हमारे लोकतंत्र के लिए आवश्यक है। यह सिर्फ लोकतंत्र के लिए ही शुभ नही है बल्कि समाज, संस्कृति और सद्भाव के लिए भी बेहद आवश्यक है। यह सही है कि मीडिया को व्यापक अधिकार और शक्तियाँ मिली हुई हैं ताकि वह अभिव्यक्ति की स्वतंत्रता का पूरा उपयोग कर सके एवं स्वस्थ तथा परिपक्व लोकतंत्र को बनाये रखने में अपना योगदान दे।

मीडिया किसी लोकतांत्रिक समाज में संचार माध्यम व्यवस्था को जागरूक बनाये रखने में महत्वपूर्ण योगदान देता है। सामाजिक व्यवस्था का प्रजातांत्रिक स्वरूप, उसे लोकल्याणकारी अपेक्षाओं के

प्रति वचनबद्ध बनाता है। समाजवादी समाज की स्थापना हेतु भारतीय संवैधानिक प्रतिबद्धता, प्रशासनिक व्यवस्था के अनेक गुणात्मक तथा मात्रात्मक दायित्वों से जोड़ती है, जिसकी स्वाभाविक जिम्मेदारी प्रशासनिक संगठन की होती है। इन जटिल परिस्थितियों में मीडिया एक सामाजिक तथा राजनैतिक बल के रूप में उभरती है तथा व्यवस्था के प्रहरी की भूमिका का निर्वहन करती है। आज मीडिया लोगों तथा विश्व के बीच सम्पर्क सूत्र का कार्य कर रही है।

आज की दुनिया अधिक स्वच्छन्द है, खबरों का प्रसारण तुरंत किया जाता है। मीडिया की पहुंच इतनी व्यापक कभी नहीं थी। उसमें दर्शक और श्रोता विश्व स्तर पर हैं, और कोई भी व्यक्ति पत्रकार और खबरी बन सकता है। आज नई पत्रकारिता का नया मंत्र सामने आया, कोई भी खबर केवल कुछ पलों तक जीवित रहती है। हर पल में एक नयी खबर होनी चाहिए। यहां एक विरोधाभास भी है, यह अक्सर देखा गया है कि लोगों का ध्यान आकर्षित करने के लिए किसी खास खबर को जिसमें दर्शकों के अधिक रूचि की संभावना होती है, इतनी बार दिखाया जाता है कि वह अपना मूल स्वरूप और उद्देश्य खो देती है।

भारत जैसे लोकतांत्रिक देशों के लिए एक स्वतंत्र और नियंत्रण मुक्त प्रेस आवश्यक है, जो सरकार और देश के नागरिकों के बीच श्रृंखला के रूप में कार्य करती है। आज की युवा पीढ़ी विश्व में तेजी से बढ़ रहे प्रौद्योगिकी और सोशल मीडिया में अधिक रूचि रखती है। इस प्रकार मीडिया का यह पूर्ण दायित्व बनता है कि जो सूचनाएं प्रसारित की जा रही हैं उसमें पक्षपात या छेड़-छाड़ नहीं होनी चाहिए। उनके द्वारा प्रकाशित अथवा प्रसारित और उस पर की गई टीका टिप्पणियों पर किसी प्रकार की रोक नहीं लगाई जाती है। अतः समाचार माध्यमों से यह अपेक्षा की जाती है कि उन्हें मर्यादित आचरण करना चाहिए, जिससे घटनाओं के सत्य को प्रकाश में लाया

जा सके। भारत जैसे देश में अफवाहों के माध्यम से साम्प्रदायिक दंगे तक फैला दिये जाते हैं, उस समय मीडिया से यह अपेक्षा की जाती है कि समाचार संप्रेषण में निष्पक्षता बरतें, लेकिन स्वतंत्रता प्राप्ति के बाद से ही समाचार पत्रों को हासिल शक्तियों का दुरूपयोग होना प्रारंभ हो चुका है। वर्तमान समय में स्वतंत्रता पूर्व युग की नैतिक पत्रकारिता अतीत की बात बनकर रह गयी है।

आज देश में इलेक्ट्रॉनिक मीडिया, देश के बड़े-बड़े औद्योगिक घरानों एवं बहुराष्ट्रीय नियमों के अधीन संचालित हैं। आधुनिक टेक्नोलाजी के प्रयोग से मुद्रण का कार्य अब मशीनों के सहारे बड़े पैमाने पर होने लगा है। जिसमें अपनी आर्थिक जरूरतों को पूरा करने के लिए विज्ञापनों पर निर्भर रहना पड़ता है। मीडिया अब एक मिशन या जन सेवा का कार्य नहीं अपितु मुनाफे का व्यवसाय भी बन गया है। पत्रकारिता का व्यवसाय में रूपांतरण, मीडिया का प्रोडक्ट बन जाना, संप्रभु देश के नागरिकों को उपभोक्ता घोषित कर देना तथा एक समन्वयवादी संस्कृति पर पश्चिमी दुनिया की भोगवादी संस्कृति थोपने की कुचेष्टा आज की दौड़ में तेजी से आयी है। मीडिया के व्यवसायिक उद्देश्य जहां उसके अस्तित्व को बनाये रखने की दृष्टि से महत्वपूर्ण है। वहीं उसमें सैद्धांतिक उद्देश्य उसमें अस्तित्व की सार्थकता प्रदान करने की दृष्टि से कहीं अधिक महत्वपूर्ण है। वैश्वीकरण से जहां पिछड़ी अर्थव्यवस्थाओं को गति मिली है एवं अमेरिका सहित पश्चिम के विकसित राष्ट्रों का विश्व के अन्य राष्ट्रों पर अर्थिक और सांस्कृतिक साम्राज्यवाद स्थापित करने का एक नव-साम्राज्यवादी खेल शुरु हुआ है। मीडिया अपने अन्तर्द्वंद से बाहर निकलकर लोकतंत्र को मजबूत करने में अपना योगदान दे।

18वीं सदी में एडम स्मिथ ने उदारीकरण की जिस धारणा को प्रतिपादित किया था जिसमें उन्होंने स्वतंत्र बाजार एवं अहस्तक्षेप की नीति के द्वारा उत्पादन की प्रक्रिया को निर्धारित करना जिसके

द्वारा उत्पादन में वृद्धि होने पर उसका लाभ समाज के निम्न स्तर तक पहुँचता है। डेनियल लरनर ने राष्ट्रीय, आर्थिक व सामाजिक विकास तथा जनसंचार माध्यमों के बीच संबंध स्थापित करने का प्रयास किया है। उन्होंने 'द पासिंग आफ ट्रेडिशनल सोसाइटी' में कहा कि आधुनिकीकरण के तीन चरण होते हैं शहरीकरण, साक्षरता और संचार-माध्यमों का विकास, औद्योगिक विकास और विकास की प्रक्रिया पूर्ण होने के उपरान्त समाज, समाचार पत्र, रेडियो तंत्र एवं जनसंचार माध्यम का विकास वृहद स्तर पर करता है।

सामान्यतः लोकतंत्र की तीन विशेषताएं होती हैं, जनता का प्रतिनिधित्व, जनता के हितों का संरक्षण तथा जनता के प्रति उत्तरदायित्व। किन्तु जनता के जागरूक न होने से ऐसे व्यक्तियों का चुनाव हो जाता है जो अपने लाभ के लिए चुनाव लड़ रहे हों। इस प्रकार किसी भी कारण वश किया गया गलत चुनाव, समाज के लिए जटिल समस्या खड़ी कर सकता है। भारत में लोकतंत्र के सामने एक बड़ी चुनौती राजनेता हैं, जिन्हें सामान्यतः लोकतंत्र का संरक्षक समझा जाता है, क्योंकि लोकतंत्र के संचालन का दायित्व प्रधान रूप से सांसदों पर होता है। किसी भी व्यवस्था चाहे वह सामंतवादी हो या लोकतांत्रिक, स्थायित्व और स्वीकारणीयता दो बातें निर्भर करती हैं न्याय एवं कानून के ऊपर, जो सबके लिए बराबर एवं समान है। आजादी के बाद संविधान के माध्यम से न्यायालय, विधान और व्यवस्था लागू की गई। मीडिया का दायित्व सिर्फ सूचनाओं का आदान-प्रदान करना ही नहीं बल्कि जनप्रतिनिधि को उसके अधिकारों से अवगत कराना भी है। संस्था की जालसाजी, फरेब, कुप्रशासन तथा जनकोश के दुरूपयोग को जानने एवं उसे रोकने में भी महत्वपूर्ण भूमिका का निर्वहन करना है।

मीडिया के अधिकारों के संबंध में समय-समय पर विवाद उठता रहा है। प्रेस एवं मीडिया की स्वतंत्रता उसके प्रभाविक कार्य के लिए

आवश्यक है लेकिन उसे यह नहीं भूलना चाहिए कि देश, जनता के प्रति उसका उत्तरदायित्व है। स्वतंत्रता प्राप्ति के बाद देश के संबैधानिक उद्देश्यों तथा प्रावधानों ने प्रेस के सामने नई चुनौतियाँ एवं उत्तरदायित्व रखा है। एक सजग प्रहरी के रूप में प्रेस वर्तमान सरकार की प्रतिनिधियों पर चौकस नजर रखती थी, जो प्रजातांत्रिक मूल्यों एवं व्यवस्था की स्थापना एवं उसकी गतिशीलता हेतु आवश्यक था। जनता की आवाज के रूप में प्रेस न केवल जनहितों की रक्षा करती है बल्कि उनके अधिकारों तथा स्वतंत्रता की भी रक्षा करती है।

जहां तक लोकतंत्र की उपलब्धियों का सवाल है। आजादी के बाद भूमि सुधार, बैंकों का राष्ट्रीयकरण, हिन्दू कोड बिल का पारित होना, अनुसूचित जाति, अनुसूचित जनजातियों, महिलाओं से संबंधित बिल एवं अधिकार संबंधित कानून आदि विषयों से संबंधित कानून आना, लोकतांत्रिक शासन प्रणाली की महत्वपूर्ण उपलब्धियाँ माना जा सकता है। वहीं मीडिया इन सरकारी नीतियों के प्रति लोगों को जागरूक करने एवं सरकार के निर्णय-निर्माण प्रक्रिया में उल्लेखनीय भूमिका निभाती है। एडमन बियूर्क ने मीडिया को सही अर्थों में 'चौथा स्तंभ' कहा है।

एक लोकतांत्रिक समाज को घटनाओं के एक स्पष्ट तथा सच्चे ब्यौरे की आवश्यकता होती है, जहां व्यक्ति विशेष तथा समूह अपने विचारों को व्यक्त कर सकें और उनके कारणों की पैरवी कर सके। संचार माध्यमों द्वारा नेता, लोगों को नेतृत्व प्रदान करते हैं तथा लोगों की अगुआई करते हैं। जनता, नेताओं द्वारा किये गये कार्यों के प्रति प्रतिक्रिया व्यक्त करती है तथा वह विकास में भागीदार बनते हैं। उनकी मांगें तथा विभिन्न विषयों की स्वीकृत नीति पर उनके विचारों की अभिव्यक्ति के लिए मंच मिलता है। आज के युग में इलेक्ट्रॉनिक जनसंचार माध्यम बहुत ही महत्वपूर्ण है, क्योंकि व्यापक स्तर पर सभी प्रकार की योजनाओं तथा नीतियों का क्रियान्वयन, जिला खंड तथा

ग्राम स्तर पर होता है। अतः इस स्तर पर मीडिया तथा प्रशासन की भूमिका तथा उत्तरदायित्व भी बढ़ जाता है।

सामान्यतः सभी नव स्वतंत्र तथा विकासशील देशों में प्रेस एवं जनसंचार माध्यमों से यह अपेक्षा होती है कि वह प्रजातंत्र को बनाये रखने में मदद करे। राज्य के हितों की रक्षा, सरकारी नीतियों का प्रचार एवं समर्थन करे। पश्चिमी राष्ट्रों में पत्रकारों को एक स्थायी समाज तथा सामाजिक रूप से सुदृढ़ राजनैतिक संस्थाओं में कार्य करने का अवसर प्राप्त है। संचार माध्यम को लोकतंत्र कार्यरत रखने हेतु निरीक्षण एवं संतुलन के उपकरण का एक बड़ा भाग भी माना जाता है।

सोशल मीडिया, किसी चमत्कार से कम नहीं था, इन्टरनेट ने हम सबकी जिंदगियों में क्रांति ला दी। इन्टरनेट दूरदराज इलाके में पहुंच कर जोड़ने लगा, लेकिन एक ऐसा वक्त आया जब सोशल मीडिया लोगों को जोड़ते-जोड़ते, दूर करने के काम में लग गया इसने सिर्फ हमें भावनात्मक स्तर पर ही एक दूसरे से दूर नहीं किया बल्कि उसने विचार धारा के स्तर पर परिवारों, दोस्तों और समुदायों के बीच गहरी खाई पैदा कर दी। मीडिया की वर्तमान स्थिति के बारे में प्रजातंत्र एक नैतिक सिस्टम है, संविधान और नियम महत्वपूर्ण हैं लेकिन अगर प्रजातंत्र को केवल संरचना या एक पद्धति बनाया जायेगा तो वह अपना मूल अस्तित्व खो देगा और यह एक भयावह समस्या का रूप धारण कर लेगा, यह न होने देना हमारी एवं मीडिया दोनों की जिम्मेदारी है एवं लोकतंत्र के प्रति पवित्र कर्तव्य भी है।

लरनर के अनुसार संचार को देश के विकास के लिए विचारों तथा सूचना के गुणक के रूप में देखना है। आर्थिक विकास के फलस्वरूप लोगों की अत्यधिक क्रय क्षमता के माध्यम से सूचनाओं का प्रवाह बढ़ता है, जो कि समाचार को चन्दे, पत्रिकाओं, जनरल्स रेडियो यंत्रों तथा यात्राओं के रूप में परिलक्षित होती है, साथ ही यह

भी सही है कि सूचनाओं की वृद्धि, आर्थिक विकास को तीव्र करती है। संचार तथा आर्थिक विकास के मध्य इस अंतर्क्रिया को सामान्य रूप से देखा जाना चाहिए।

भारत के प्रेस तथा प्रशासन के पारस्परिक संबंधों की खोजबीन के लिए व्यापक एवं गहन अध्ययन की कमी रही है।

प्रेस की स्वतंत्रता के संबंध में जेफरसन का योगदान उल्लेखनीय है। प्रेस वह संस्था है, जो अपने अनुभव से लगातार सीखती है। यह अनुभव एक पीढ़ी से दूसरी पीढ़ी को हस्तांतरित कर दिया जाता है। उसका विश्वास था कि यदि लोग पूरी तरह अवगत (सूचित) हों तो उनमें पर्याप्त रूप से सामान्य ज्ञान तथा विश्वसनीय निर्णय शक्ति होती है। जेफरसन का कहना है कि लोगों को गलती करने से बचने का रास्ता तथा उन्हें राजनीति और सरकार के बारे में प्रेस के माध्यम से पूरी तरह जागरूक रखा जाय। इसके लिए यह जरूरी है कि लोगों के बीच समाचार पत्र उपलब्ध हों।

महात्मा गाँधी जो स्वयं एक पत्रकार थे, उन्होंने अपनी आत्मकथा में प्रेस की भूमिका के बारे में कहा है कि किसी भी समाचार पत्र का एक उद्देश्य है कि वह लोकप्रिय हो, भावनाओं को समझे तथा उन्हें अभिव्यक्ति प्रदान करे। इसके अतिरिक्त लोगों में कुछ निश्चित, आवश्यक भावनाओं को जागृत करे तथा गलतियों को भयरहित होकर सामने लाए।

मीडिया, राजनैतिक जागरूकता लाने में सकारात्मक योगदान दे सकता है। यह राष्ट्रीय तथा सामुदायिक समस्याओं के बारे में आम समझ पैदा कर सकती है तथा सामाजिक उन्नति हेतु जनसहयोग बढ़ा सकती है। प्रेस के माध्यम से नेता नेतृत्व कर सकते हैं, लोग अपनी बात पुनः नेता तक पहुंचा सकते हैं तथा शासक व शासित, विकास में भागीदार बन सकते हैं। आम जनता तथा सत्ताधरियों के बीच सेतु

का कार्य करके मीडिया, आधुनिक सरकार के तंत्र का एक हिस्सा तथा एक आवश्यक जन सेवा बनती है।

यह सही है कि जनसंचार माध्यम अथवा उनकी शक्ति का दुरूपयोग, अंतर्राष्ट्रीय संबंधों में खतरा उत्पन्न करता है तथा अंतर्राष्ट्रीय प्रगति तथा समृद्धि को नुकसान पहुंचा सकता है, दूसरी ओर एक उत्तरदायी संचार माध्यम, पारस्परिक समझ पैदा कर सकता है। लोकमत सूचनाओं पर निर्भर तथा सूचनाओं से प्रभावित होता है। संचार माध्यमों की अनुपस्थिति उपेक्षा को जन्म देती है।

संदर्भ ग्रंथ

1. अरूण कुमार (संपादक) उदारीकरण, भूमंडलीकरण एवं दलित- रावत पब्लिकेशन 2019.
2. प्राण चौपड़ा, ईकोनॉमिक तथा पोलिटिकल- वीकली अंक – 25 सितम्बर 1971.
3. शेंवती मेनन, बाजार और मीडिया की अर्थव्यवस्था- हिन्दुस्तान फरवरी 2008.
4. मीना माथुर, प्रजातंत्र प्रेस तथा प्रशासन- ए.वी.डी.पब्लिशर्स, जयपुर.
5. विप्लव दासगुप्ता, ग्लोबलाइजेशन- इंडियाज एडजस्टमेंट एक्सपीरीयेंसेज नई दिल्ली.
6. डेनियल बरनर, द पासिंग आफ ट्रेडिशनल सोसाईटी, माडर्नाइजिंगए द मिडिल ईस्ट- द फ्री प्रेस ग्लेनकोई एलिएनाडस 1958.
7. राम गोपाल सिंह, वैश्वीकरण मीडिया और समाज- नेशनल पब्लिशिंग हाउस- जयपुर, नई दिल्ली.
8. सुभाष कश्यप, हमारा संबिधान- नेशनल बुक ट्रस्ट, नई दिल्ली.
9. राजेश प्रताप सिंह, मानव अधिाकार न्यायपालिका और पुलिस-संचयनी.
10. विवेकानन्द साहित्य- अद्वैत प्रकाशन कलकत्ता 1989.

4

मीडिया और समाज

– डॉ. सुरैया खान

वर्तमान समय में हम देखते हैं कि मीडिया का जाल दूर-दूर तक फैला हुआ है। प्रिंट मीडिया, इलेक्ट्रॉनिक मीडिया तथा आजकल के नव इलेक्ट्रॉनिक्स मीडिया ने समाज के सभी वर्गों तक पहुंच कर उनके जीवन में अपना स्थान बना लिया है। समाज के विकास के जिस तरह संचार माध्यमों का विकास होता रहा है, ठीक उसी तरह संचार माध्यमों के विकास के साथ समाज का विकास भी होता है। दरअसल अपनी भावनाओं व विचारों को दूसरों तक संप्रेषित करने के रूप में संचार, मानव की एक नैसर्गिक प्रवृत्ति और आवश्यकता है। इस दृष्टि से अगर देखा जाए तो संचार उतना ही पुराना है जितना कि मानव। साथ ही, संपर्क और संचार क्योंकि सामाजिक संबंध और इस रूप में समाज के आधारभूत तत्व हैं इसलिए यह मानने में शायद ही किसी को कोई आपत्ति हो कि अपने उपद्रव के साथ से ही संचार और समाज साथ-साथ हैं। अकेले में संचार का कोई अस्तित्व नहीं है, इसलिए दो या अधिक व्यक्तियों के समूह का समाज होना जरूरी है। जिस तरह समाज के विकास को परंपरात्मक समाज से आधुनिक समाज के रूप में व्यक्त किया जाता है उसी प्रकार

मीडिया के विकास को भी परंपरागत मीडिया से, आधुनिक मीडिया जिसमें प्रिंट मीडिया (दृश्य प्रेस), इलेक्ट्रॉनिक मीडिया (दृश्य, श्रव्य, रेडियों, टेलीविजन, इंटरनेट, सैटेलाइट), के रूप में रेखांकित किया जाता सकता है। दरअसल मीडिया जनता की सोच, इच्छा-विचार एवं व्यवहार की अभिव्यक्ति का माध्यम है। इसके अंदर वस्तुओं की सूची बहुत विस्तृत हैं यह जहां व्यक्ति का व्यक्तित्व के सर्वोन्मुखी विकास एवं प्रगति के लिए स्वास्थ्य, शिक्षा, ज्ञान, मनोरंजन, तथा रोजगार, व्यापार एवं व्यवसाय आदि समाज का कोई भाग विकलांग हो गया हो तो वह लोगों की जानकारी में आए और उसके उपचार के लिए आवश्यक पहल की जाना संभव हो सके। इस प्रकार मीडिया, समाज, राजनीतिक, आर्थिक, सांस्कृतिक एवं पर्यावरण सहित मानव जीवन के प्राय: सभी पक्षों को आच्छादित करता है।

सूचना प्रौद्योगिकी के बढ़ते कदम समाज को कैसे कवर कर रहे हैं, यह देखना बेहद जरूरी है। विश्व में घटी कोई भी घटना हम तक पलक झपकते ही पहुंच जाती है। यह सिर्फ मीडिया के माध्यम से ही संभव हो सका है। मीडिया में जहां पहला माध्यम, सिर्फ भाषा के लिखित ज्ञान से जुड़ा है, दूसरा ध्वनि से और तीसरा दृश्य से जुड़ा है। मुद्रण, ध्वनि और दृश्य से आगे कम्प्यूटर इंटरनेट ने भी समाज में अपनी महत्त्वपूर्ण जगह बनाई है। यथार्थपरक चित्रण इसकी पहली शर्त है। आजकल अखबार, टेलीविजन या रेडियो कुछ भी खोलें तो इन सब में हिंसक खबरों की बहुतायत रहती है। हर माध्यम का प्रभाव समाज पर दिखता है। या यूं भी कह सकते हैं कि आज हम जिस सामाजिक परिवर्तन के दर्शन कर रहे हैं उसका सबसे अधिक श्रेय मीडिया को ही जाता है, समाज में चाहे कैसी भी हलचल हो मीडिया को उसे हूबहू पेश करना चाहिए। चाहे मुद्दा चुनाव, महंगाई, शिक्षा का, बेरोजगारी का, अपराध का हो या फिल्म जगत का, यथार्थ होना चाहिए। इनका अपना एक अलग महत्व है। चाहे मुद्दा कुछ भी

हो, आजकल उसे बहुत ही रोचक बना कर प्रस्तुत किया जाता है। शपथ ग्रहण समारोह, किसी आपराधिक मामले से संबंधित परिणाम की प्रतीक्षा हो या मंत्रियों की विदेश यात्राओं, बजट की खबर हो मीडिया उसे विशेष रूप से प्रस्तुत करता है।

पहले के समय में अखबार, रेडियो जनसंचार जैसे माध्यम जहां अपने क्षेत्र, एक सीमा में बंधे थे। अखबार में सीमित चित्र व शब्द होते हैं। रेडियो में सिर्फ ध्वनि के माध्यम से ही बात रखी जाती है। टेलिविजन पर वीडियो क्लिपिंग आदि के माध्यम से खबर ज्यादा रोचक बना कर प्रस्तुत की जाती है। 16 दिसंबर 2012 को दिल्ली में निर्भया गैंगरेप केस में मीडिया ने जो अपनी जबरदस्त भूमिका निभाई थी उसे कोई नहीं भूल सकता। मीडिया एकजुट होकर जनता के साथ खड़ी हो गई थी। सभी न्यूज चैनल, रेडियो इस खबर को प्रमुखता से दिखा रहे थे। पहले भी इस तरह के दिल दहलाने वाली घटना हुई है लेकिन उसे समाज ने दबा दिया है, पर यह पहली बार ही संभव हो पाया था।

मीडिया प्रस्तुति का काफी बड़ा भाग मनोरंजन एवं विज्ञापन में समानता, सेक्स और हिंसा की प्रमुखता से संबंधित होता है। इसमें शिक्षा, विज्ञान एवं पर्यावरण आदि से संबंधित विषय भी होते हैं। जहां तक समाचार कवरेज का सवाल है, इसमें राष्ट्रीय व अंतर्राष्ट्रीय महत्वपूर्ण राजनीतिक घटनाक्रम एवं व्यक्तित्व, स्टॉक शेयर बाजार से संबंधित विषयों की जानकारी, अपराध एवं क्रिकेट से संबंधित रहती हैं। इसके अलावा खबरों में अन्य विषयों को अपवाद स्वरूप ही जगह मिल पाती है। इस से दो बातें जाहिर होती हैं, एक तो यह कि वैश्वीकरण के वर्तमान दौर में आर्थिक समाचारों का महत्व बढ़ा है, और दूसरा, जैसे कि सुरेश पंडित का कहना है, समाचारों का चयन सूचना और जानकारी की दृष्टि से ही नहीं अभी तो मनोरंजन को भी ध्यान में रखते हुए किया जाता है।

व्यक्ति एवं समाज के विकास में मीडिया की भूमिका को नजरअंदाज नहीं किया जा सकता। व्यक्ति को अपने व्यक्तित्व के विकास तथा जीवन को सही दिशा प्रदान करने की दृष्टि से स्वास्थ्य, रोजगार एवं व्यवसाय आदि से संबंधित जानकारी जरूरी होती है। साथ ही समाज में क्या घटित हो रहा है उसका ज्ञान भी उपयोगी होता है। ताकि उसके अच्छे-बुरे पक्ष को वह समझ कर अपने चरित्र व आचरण में सुधार ला सके। यह सब जानकारियां उसे आमतौर पर मीडिया से प्राप्त होती हैं। इसी प्रकार कृषि, पशुपालन तथा ग्रामीण व सामुदायिक विकास संबंधी विशेषज्ञ सलाह एवं क्षेत्रों में सरकार द्वारा चलाई जा रही योजनाओं एवं कार्यक्रमों की जानकारी भी लोगों तक मीडिया के माध्यम से आसानी से पहुंच जाती हैं। जिससे कि वह इन योजनाओं से अधिक से अधिक लाभ उठा सके। वर्तमान समय में सरकार द्वारा चलाये गए विभिन्न अभियान जैसे- मन की बात, स्वच्छता अभियान, बेटी बचाओ-बेटी पढ़ाओ, हमें मीडिया के माध्यम से ही पता चला। शिक्षा के क्षेत्र में मीडिया की भूमिका अत्यधिक उपयोगी है। दृश्य- श्रव्य साधन जहां शिक्षा को प्रभावशाली बनाने में मदद करते हैं वही ऑडियो, वीडियो, कॉन्फ्रेंसिंग आदि से इस क्षेत्र में ज्ञान का प्रभावी रूप से आदान-प्रदान होता है। डिजिटल लाइब्रेरी एवं इंटरनेट सुविधा, उपलब्ध ज्ञान ने अध्ययन तथा शोध कार्यों को बढ़ावा दिया है साथ ही उत्कृष्ट कायों को लोगों तक पहुंचाकर मीडिया जहां उन्हें उन से लाभ उठाने का अवसर प्रदान करता है, वही संबंधित कार्य को लोकप्रियता एवं मार्केट प्रदान कर उसे उसका वार्षिक पारितोषिक दिलाने में मदद करता है।

बाजारीकरण का प्रत्यक्ष प्रभाव मीडिया पर दृष्टिगत होता है। प्रिंट मीडिया और इलेक्ट्रॉनिक मीडिया में विज्ञापन, उत्पाद के लिए उपलब्ध कराते हैं। विज्ञापन, उपभोक्ताओं को आकर्षित कर इस बात के लिए तैयार करता है कि कौन सा उत्पाद उनके लिए उपयोगी

सिद्ध होगा। इस प्रकार विज्ञापन का उद्देश्य, व्यावसायिक उद्देश्यों द्वारा उपभोक्ताओं तक पहुंच कर विज्ञापित वस्तु की ग्राह्यता को बढ़ाना है। गोरा रंग करने वाले ब्यूटी प्रोडक्ट शैंपू एवं अन्य उत्पादों को विज्ञापन कंपनियों द्वारा इस तरह प्रचारित-प्रसारित किया जाता है कि मानों इन उत्पादों को प्रयोग करने के उपरांत ही उपभोक्ता का जीवन सफल माना जाएगा। विज्ञापनों में स्त्री देह को वस्तु के रूप में प्रयोग किया जा रहा है। इस तरह के विज्ञापन मन पर दुष्प्रभाव डाल रहे हैं।

दरअसल मीडिया, लोगों का माइंड सेट भी करता है। समाज की हर गतिविधि को निष्पक्ष रूप में प्रस्तुत करने में समाज को मजबूत धारणा प्रदान करने में सहायता मिलती है। हमने इन दिनों के चुनाव में देखा कि कैसे बीजेपी, कांग्रेस, आप आदि पार्टियों ने चुनाव में अपने-अपने मुद्दे उठाए। आप पार्टी का तो हर गली-मौहल्ले चौराहे पर गीत गाते हुए सुना। आप पार्टी का प्रचार बेहद मनोरंजक था। जो आज के युवा वर्ग को अपनी ओर आकर्षित कर रहा था, एक दूसरे पर छींटाकशी करते हैं, मीडिया ने उस हर गतिविधि को कैमरे में लिया और जनता तक पहुंचाया। परिणाम हम सभी के सामने हैं। आज का समाज प्रलोभनों, झूठे चुनावी वादों में ना फंसकर जो उचित होता है उसे ही चुनता है।

हम देखते हैं कि मीडिया ने आज हमारे समाज की हर एक उस घटना को महत्व दिया है जो कहीं ना कहीं हम लोगों के जीवन से जुड़ी है। हम लोग जिसके बारे में जानना चाहते थे, वही दिखा रहा है। हाल फिलहाल में नोटबंदी की वजह से जो समाज में बदहाली फैली उसको मीडिया ने पूरी ईमानदारी के साथ दिखाया। किस प्रकार बैंकों के बाहर लाइनें थीं और लोग भूख-प्यास और बदहाली से अपनी जिंदगी से हाथ धो रहे थे अर्थात मरने तक की नौबत आ गई थी, यह सब मीडिया ने पूरी ईमानदारी से कैमरे में कैद किया। सिरसा में होने वाली भगदड़ और राम रहीम को पकड़ने की घटना, हनीप्रीत

और अन्य लोगों को मीडिया ने नहीं बख्शा। कहीं पर भी प्राकृतिक आपदा आती है तो उसे मीडिया सीधा हमें दिखाता है, जिससे हम अपने आप को उसी स्थान पर पाते हैं। आरुषि हत्याकांड, जो लगभग काफी समय पुराना केस है। उस पर अभी हाल ही में फैसला आया और मीडिया के ही कारण सब लोगों ने उस फैसले को देखा सुना और समझा। रयान पब्लिक स्कूल में प्रद्युमन नाम के 6 साल के बच्चे के साथ जो घटना घटी, उसने सभी को भीतर से झिंझोड़ दिया यह घटना दिल दहलाने वाली थी। मीडिया ने सर्वप्रथम एक कंडक्टर और अभी हाल ही में आने वाली सीबीआई की रिपोर्ट में यह बताया गया कि ग्यारहवीं क्लास के एक छात्र ने एग्जाम्स को आगे बढ़ाने के उद्देश्य से उस बच्चे का कत्ल कर डाला। इसका फैसला मीडिया के माध्यम से ही हम तक पहुंच पाएगा और हम अपने दिमाग को तभी समझा पाएंगे कि असल में उस दिन वहां उस बच्चे के साथ क्या हुआ था। अभी कुछ समय पहले की बात है, यूपी में ऑक्सीजन गैस सिलेंडर की कमी के कारण कई बच्चों की मौत हो गई। यूपी में होने वाली इस भयंकर घटना को मीडिया ने ही हम से रूबरू कराया वरना दिल्ली में बैठे हमें तो अपने बगल में होने वाली घटनाओं के बारे में भी जानकारी ना हो। लगातार प्रदूषण पर होने वाले प्रभाव, दुष्प्रभाव को समाचार पत्रों, रेडियो, टेलीविजन और इंटरनेट के माध्यम से सबसे बचने के तरीके और रोकथाम, घरों में रहने की हिदायत, स्कूल में बच्चों की छुट्टी यह सभी कुछ देखने को मिला। दरअसल ऐसे समय में मीडिया एक बहुत लाभकारी माध्यम के रूप में प्रस्तुत होता है जब बाकी अन्य माध्यम टेलीफोन काम करना बंद कर देता है। मुझे याद है एक रोज भूकंप आया हमने उसी वक्त टी.वी. ऑन किया और उसमें भूंकप की घटना आनी शुरू हो गई। यह इतना इंस्टैंट इंसिडेंट था कि पलक झपकते ही टीवी पर एक रिपोर्टर किसी के घर पर घंटी बजा कर पूछ रही है कि आपने अभी भूकंप के झटकों को महसूस किया। यह अपने आप में मीडिया की तत्परता, ईमानदारी

और कहीं न कहीं इसके पीछे छिपी एक प्रतियोगिता भी है। जिसमें एक दूसरे को कुचलते हुए आगे बढ़ने की प्रतिबद्धता है। मुझे लगता है कि प्रतिद्वंद समाज के लिए अच्छा है। लेकिन देखा जाता है कि इस कम्पटीशन के जमाने में लोग कुछ भी बनाने को तैयार है क्योंकि उन्हें एक समाचार चाहिए। ट्रंप का जीतना, सद्दाम हुसैन को सूली पर चढ़ाना, ओसामा बिन लादेन का पूरा प्रकरण, विदेश की उन घटनाओं को हमारे समक्ष प्रस्तुत करता है जिसके बारे में आज से पहले दशक तक हम शायद सिर्फ सोच ही सकते थे। लेकिन इन सब घटनाओं को हमारे सामने इस तरह प्रस्तुत किया गया जैसे हम इसे वहीं देख रहे हैं। दरअसल विभिन्न घटनाओं को मनोरंजन के माध्यम से हमारे समक्ष प्रस्तुत करने में मीडिया ने अहम् भूमिका निभाई है। मीडिया ने समझ लिया है कि आज जनता, हमारा समाज क्या देखना चाहता है उसे क्या पसंद हैं यही कारण है कि वह उस हर घटना को समाज तक पहुंचा देता है जिसमें ज्यादा से ज्यादा लोगों की दिलचस्पी हो।

पी.सी. जोशी पैनल ने एक बात कहीं अगर किसी देश का परिचय पाना है तो उसका टेलीविजन देखना चाहिए, उसमें राष्ट्र का व्यक्तित्व होता है। आज 2017 में खड़े होकर हम इस टिप्पणी से कितना सहमत हो सकते हैं। जाहिर तौर पर टिप्पणी एक बड़ी बहस की मांग करती है। अब जबकि देश में प्राइवेट चैनलों की संख्या लगातार बढ़ रही है, दूरदर्शन भी अपना परिवार लगातार बढ़ा रहा है। ऐसे में आपस के टकराव के चलते मीडिया में कुछ भी दिखाने की होड़ सी लग गई है। मीडिया में आकर कुछ पैसे लगाकर अपना रुतबा जमाने का शौक काफी पुराना है। पिछले कुछ समय से टीवी चैनल खोलने का चलन जिस तरह चला है उसने एक अराजकता की स्थिति पैदा कर दी है, हर वह आदमी जिसके पास ज्यादा पैसा है, टीवी चैनल खोलने या किसी बड़े टीवी चैनल की फ्रेंचाइजी लेने को आतुर है। पिछले कुछ महीनों में इन शौकीनों के चैनलों की जैसी गति

हुई है उसके कर्मचारी, पत्रकार जैसी यातना भोगने को विवश हुए हैं, उससे सरकार ही नहीं सारा मीडिया जगत हैरत में है। रंगीन चैनलों की काली करतूतों को लोगों के सामने लाकर उनके कर्मचारी सड़क पर हैं, इसने मीडिया की प्रमाणिकता, विश्वसनीयता पर सवालिया चिन्ह् लगा दिया है।

दूरदर्शन महानगरों, नगरों तथा कस्बों में व्यक्तिगत जीवन की एक अभिन्न आवश्यता बन गया है। यह बिल्कुल एक ऐसी लत की तरह है जैसे किसी को चाय, पान या शराब का चस्का लग जाए। घर में टेलीविजन का एक दिन के लिए खराब हो जाना, पूरे परिवार को बेचैन और अस्वस्थ बना देता है। दूरदर्शन द्वारा टेलीविजन का सामाजिक प्रभाव ऐसा होता जा रहा है कि लगता है इसके बिना जिंदगी मुश्किल है।

ऐश्वर्या राय की शादी को मीडिया में इस प्रकार दिखाया गया कि कहां से उसने क्या खरीदा और किस तरह शादी सम्पन्न हुई। फिल्म जगत के अभिनेताओं, अभिनेत्रियों के जन्मदिन को मीडिया में इस रूप में प्रस्तुत किया जाता है जैसे कोई महत्वपूर्ण त्यौहार हो। मीडिया ने हमारी सोच को बदला है। आज इंटरनेट के माध्यम से, सोशल मीडिया के माध्यम से हमारी सोच ने बहुत विस्तार पा लिया है। पलक झपकते ही विस्तार पूर्वक सारी घटना हमारे समक्ष प्रस्तुत हो जाती है, जिसे किसी भी व्यक्ति द्वारा नेट पर इंटरनेट पर डाल दिया गया हो। जाहिर है इससे समाज में अव्यवस्था भी फैली है। कुछ ऐसे घटनाक्रम जो छोटे बच्चे या वयस्कों के लिए भी हानिकारक या कहा जाए अवैध या अनावश्यक हैं उसे इंटरनेट के माध्यम से आसानी से देखा समझा जा सकता है। यही कारण है कि मीडिया के इस बढ़ते हस्तक्षेप से परिवारों में विघटन की स्थितियां बढ़ रही हैं बच्चे समय से पहले हर एक को प्राप्त करने में लगे हैं। जिसके लिए अभी वह छोटे हैं बल्कि हर एक उस काम को करने को तत्पर हैं जिसके लिए

समाज उन्हें इजाजत नहीं देता। मुझे लगता है यही एक बड़ा कारण है जिसकी वजह से आज का युवा वर्ग, विभिन्न प्रकार की हिंसक घटनाओं को अंजाम दे रहा है। हमारे समाज में लगातार हिंसा की घटनाएं चोरी, डकैती, हत्या, छेडछाड़ की घटनाएं बढ़ रही हैं क्योंकि कम समय में अधिक पाने की ललक हमारे युवाओं को मीडिया के माध्यम से बढ़ा रही है। टेलीविजन पर आने वाले विभिन्न प्रकार के कार्यक्रमों में आज हर एक उस चीज को दिखाया जा रहा है जो शायद कुछ समय पहले सिनेमा पर दिखाने से भी पहले फिल्मकार सोचते थे। टीवी पर अश्लीलता, हिंसा और अवसंस्कृतिकरण का दौर चल रहा है, चुंबन, आलिंगन छुअन, अनेक विवाह, गोली, बारूद, आतंकवाद, हत्या, आगजनी, भगदड़ यह सभी कुछ इन सीरियलों में दिखाया जा रहा है। एक ओर तो टेलीविजन पश्चिमीकरण को बढ़ावा दे रहा है तो दूसरी ओर इन विभिन्न चैनलों में धार्मिक विद्वेष, भूत-प्रेत पुनर्जन्म को भी दिखाया जाता है। आज उनके लिए दर्शक मात्र दर्शक नहीं एक ऐसा उपभोक्ता है जिनको उन्हें किसी भी प्रकार लुभाना है। विज्ञापन ऐसी ही एक विधा है, वर्तमान संचार माध्यमों में विज्ञापन मात्र उत्पादों की बिक्री के ही साधन नहीं होते, समाज जीवन को अपने अनुरोध से मोड़ने की क्षमताएं भी उस में होती हैं। यह सामाजीकरण, सामाजिक परिवर्तन तथा सामाजिक नियंत्रण जैसी जटिल सामाजिक भूमिकाओं के निर्वाह के साथ-साथ शिक्षा तथा मनोरंजन सेवाएं भी समाज को उपलब्ध कराते हैं। लेकिन आज इसका भी स्वरूप बदल गया है आज कुछ भी कैसा भी कीड़े वाला कीटनाशक वाला पेय पदार्थ, या कुछ भी उत्पाद आपको इन विज्ञापनों के माध्यम से सीधा आपके घर पर उपलब्ध कराता है। अतः मुझे लगता है कि मीडिया को अपने महत्व को समझते हुए समाज के कुछ हिस्सों पर पाबंदी लगाने या लगाम कसने की जरूरत है। दरअसल मीडिया अपने व्यवसायीकरण के चलते आज हमें, हमारे समाज को

बस सब कुछ सौंप देना चाहिए, जो कहीं न कहीं हम देखना चाहते हैं। यही कारण है कि मीडिया और समाज एक दूसरे की जरूरत बन गए हैं और एक तरह से एक दूसरे का उपकार कर रहे हैं।

आज से लगभग ढाई दशक पहले यदि राजनीति में देखा जाए उस पीढ़ी के राजनेताओं की राजनीति की पृष्ठभूमि समाज सुधार से जुड़ी थी इसलिए वह राजनीतिक कार्य करते थे। दूसरे शब्दों में सामाजिक सरोकार, राजनीतिक कार्यकलाप का अहम हिस्सा हुआ करते थे। सत्ता तो उनके लिए मात्र सामाजिक, आर्थिक, पूर्ण निर्माण को मूर्त रूप प्रदान करने का एक साधन थी। लेकिन आज वह दौर बदल गया है। राजनेताओं का सरोकार बहुत कुछ मातृ सत्ता हासिल करने और उसे बनाए रखने तक ही सीमित हो गया है। इस दौर की राजनीति में सामाजिक पुनर्निर्माण तो सत्ता परिदृश्य से ओझल ही हो गया है जबकि आर्थिक विकास हेतु ओझल नहीं हुआ है तो धुंधला जरूर पड़ गया है। ऐसा इसलिए हुआ क्योंकि इस दौर में विकास की रफ्तार बढ़ाने के लिए रचनात्मक व गंभीर प्रयास करने की जगह वितरण पर अधिक जोर देते हुए सस्ती लोकप्रियता बटोरने और चुनाव जीतने की कोशिश ही मात्र इन लोगों का काम रह गया है।

मुझे लगता है इस तरह मीडिया एक ऐसे समाज का निर्माण कर रही है जो अपने सोचने समझने की क्षमता को पूरी तरह से वर्तमान मीडिया के हिसाब से बदलता है। अक्सर हमारे समाज में बहुत कुछ ऐसा घटित होता है जो नहीं होना चाहिए था। यदि मीडिया उस खबर को महत्व देता है तो हम सब भी उस पर सोचने लगते हैं, विचार करते हैं, चर्चा करते हैं, यदि मीडिया उसे महत्व ना दे तो वह खबर दब जाती है, कहीं ना कहीं मीडिया समाज को सोचने का, विमर्श का स्पेस देती है जब ज्यादा जरूरी हो तो परिवर्तन भी कराती है। इस रूप में मीडिया एक वरदान के रूप में साबित हुई है और मुझे

लगता है कि आगे आने वाले समय में मीडिया, समाज सुधारक के रूप में अपनी क्षमताओं को और अधिक निखार कर हमारे समक्ष लाएगी।

5

मीडिया का एजेंडा सेटिंग एवं सोशल मीडिया ट्रेंड (ट्विटर के संदर्भ में)

– *मीना*

'मीडिया द्वारा मुद्दों का निर्माण किया जाता है। वह लोगों को बताता है कि आज कौन सा मुद्दा सबसे महत्त्वपूर्ण है और कौन सा मुद्दा गौण है।'[1] मुख्यधारा के मीडिया की एजेंडा सेटिंग को लेकर मैक्सवेल ई. मैकाम्ब एवं डोनाल्ड एलशा ने 1972 में यह अवधारणा प्रस्तुत की थी। वर्तमान में बढ़ते सोशल मीडिया के प्रयोग से कहा जा सकता है कि अब एजेंडा सेटिंग की अवधारणा और विस्तृत हो गई। 'पिछले सालों में सोशल मीडिया ने मुख्यधारा के मीडिया से अधिक प्रसिद्धि पाई है। ये अपना खुद का एजेंडा तय कर सकती है और मुख्यधारा के मीडिया और समाज को प्रभावित कर सकती है। सोशल मीडिया के माध्यम से कोई भी मुद्दा जल्द ही सामाजिक एजेंडा भी बन जाता है। लोगों की रोजमर्रा की जिंदगी में स्मार्टफोन की बढ़ती संख्या की वजह से ट्विटर, मूल एजेंडा टॉप ट्रेंड लिस्ट से तैयार करता है।

क्योंकि ट्विटर पर बहुत तेजी से संदेश लोगों तक पहुंचते हैं।'[2] ट्विटर की इस ट्रेंडिंग की व्यवस्था का असर, मुख्यधारा के मीडिया के एजेंडा पर भी पड़ता है। ट्विटर पर सत्ता से जुड़े राजनेता सीधे जुड़े होते हैं। यही नहीं राजनेता जो बात ट्वीट करते हैं वो अखबारों और टीवी में हेडलाइन बन जाता है। अमेरिका के संदर्भ में नोम चोमस्की लिखते हैं कि वास्तविक मास मीडिया लोगों को डायवर्ट कर रही है। वे प्रोफेशनल, सेक्स स्कैंडल या फिर बड़े लोगों की व्यक्तिगत बातों को जमकर सामने रखती हैं। क्या इससे इतर और कोई गंभीर मामले ही नहीं होते। जितने बड़े मीडिया घराने हैं वे एजेंडे को सेट करने में लगे हुए हैं।'[3] अगस्त 2019 माह में यह देखा गया कि जो मुद्दे ट्विटर पर ट्रेंड कराए गए वही मुद्दे प्राइम टाइम का एजेंडा बने। ऐसे में वे मुद्दे छूट गए जो जनमत और रोजगार के मुद्दे थे। इस माह में सोशल मीडिया, मुख्यधारा के मीडिया का एजेंडा तय करने में कितना सफल रहा, यह जानने की कोशिश की है। *ट्विटर का सीधे-सीधे मुख्यधारा के मीडिया से जुड़ाव हो या न हो लेकिन एजेंडा सेटिंग में सीधा जुड़ाव होता है।* प्रस्तुत शोध में मैंने ये परिकल्पना की थी कि ट्विटर के ट्रेंड मुख्यधारा के मीडिया को प्रभावित करते हैं। इसके लिए विभिन्न मीडिया संस्थानों में काम करने वाले पत्रकार और मीडिया की पढ़ाई करने वाले विद्यार्थियों के बीच एक सर्वे कराया गया जिससे शोध के परिणामों में सभी परिकल्पनाएं सही पाई गईं। हमने गूगल डॉक्यूमेंट्स की मदद से 100 उत्तरदाताओं से प्रतिक्रिया ली। प्राप्त आंकड़ों के आधार पर विश्लेषण कर निष्कर्ष दिए गए हैं।

अब तक आम जनता के बीच में यही धारणा थी कि मुख्यधारा का मीडिया एजेंडा सेट करता है लेकिन प्रस्तुत शोध से यह ज्ञात हुआ कि वर्तमान समय में सोशल भी एजेंडा सेट करने में मुख्यधारा की मीडिया की मदद कर रहा है। अभी तक जितने शोध हुए, उनमें सोशल मीडिया को मुख्यधारा के मीडिया का प्रतिस्पर्धी बताया गया

लेकिन इस शोध में यह मालूम होता है कि सोशल मीडिया, मुख्यधारा के मीडिया की मदद कर रहा है। इस दृष्टि से यह वर्तमान एजेंडा सेटिंग और मीडिया और सोशल मीडिया के अंतर्संबंधों को समझने के लिए महत्त्वपूर्ण शोध है। मीडिया हो या सोशल मीडिया दोनों ही सूचनाओं को आम जन तक पहुंचाने का काम करती है। सूचना, आज के समय में शक्ति है। आज हर व्यक्ति खुद को सूचनाओं से अपडेट रखना चाहता है। जनता, मीडिया और सोशल मीडिया से सूचना एकत्रित करती है। इस शोध के उद्देश्य निम्नलिखित हैं।

1. सोशल मीडिया के ट्रेंड, मुख्यधारा के मीडिया का एजेंडा तय करने में भूमिका निभाते हैं।
2. यह पता करना कि ट्विटर पर राजनीतिक विचारों को एजेंडा के रूप में ट्रेंड कराया जाता है।
3. यह पता लगाना कि ट्विटर ट्रेंड मुख्यधारा के मीडिया पर दबाव डालते हैं कि प्राइम टाइम में उन्हीं मुद्दों पर बहस हो जो ट्विटर पर ट्रेंड कर रहे हैं।
4. यह पता लगाना कि अगस्त माह (विशेष संदर्भ) में जो मुद्दे ट्रेंड हुए, और वे प्राइम टाइम का हिस्सा बने उससे जनमत के मुद्दे छूट गए।
5. यह पता लगाना कि सोशल मीडिया की वजह से एजेंडा सेटिंग की अवधारणा में विस्तार हुआ है।

शोध प्रविधि

शोध अध्ययन में वर्णनात्मक अनुसंधान डिजाइन और साक्षात्कार विधि को अपनाया गया। अध्ययन के उत्तरदाताओं को चुनने के लिए रैंडम सैंपलिंग तकनीक लागू की गई। नमूने का आकार N=100 था। अनुसंधान उद्देश्य को पूरा करने और उत्तरदाताओं से आंकड़ा एकत्रित करने के लिए गूगल डॉक्स के माध्यम से प्रश्नावली का प्रयोग किया।

साहित्य पुनरावलोकन

ऐसा नहीं है कि सोशल मीडिया और मुख्यधारा के मीडिया को लेकर पहले काम नहीं हुआ है, लेकिन अधिकार शोध, सोशल मीडिया का समाज पर प्रभाव या सोशल मीडिया की वजह से मुख्यधारा के मीडिया के उपभोक्ताओं का कम होना, जैसे मुद्दे पर शोध किए गए। बहुत कम ऐसे शोध पत्र मिले जिसमें यह बताया गया हो कि सोशल मीडिया मुख्यतः ट्विटर के ट्रेंड, मुख्यधारा के मीडिया का एजेंडा सेट कर रहे हैं।

जेसिका टी फिजेल का शोध एजेंडा सेटिंग थ्रू सोशल मीडिया : दि इम्पोर्टेंस ऑफ इंसिडेंटल न्यूज एक्सपोजर एन्ड सोशल फिल्टरिंग इन दि डिजिटल एरा (2017 में प्रकाशित) में उन्होंने बताया है कि आज की डिजिटल दुनिया में दर्शकों की विभिन्नता बढ़ी है और उनके खबरों के चयन ने मुख्यधारा के मीडिया के एजेंडा सेटिंग को प्रभावित किया है। जेसिका के शोध का निष्कर्ष बताता है कि सोशल मीडिया पर ऐसे मुद्दों का भी एजेंडा तैयार किया जाता है जिनका जनता से सरोकार नहीं होता है, इस एजेंडे का प्रभाव मुख्यधारा के मीडिया पर भी पड़ता है।[4]

वर्तमान में ट्विटर, मुख्यधारा के लिए किसी ऑक्सीजन से कम नहीं है। फरीदा विस् ने ट्विटर एज अ रिपोर्टिंग टूल फॉर ब्रेकिंग न्यूज नाम से एक शोध किया। जिसमें उन्होंने दि गार्जियन के पॉल लेविस और दि न्यूयॉर्क टाइम्स के रवि सोमैया दोनों पत्रकारों ने 2011 में हुए, यूके में युद्ध की रिपोर्टिंग चार दिन तक लगातार ट्वीट से की थी।[5] हंस के विशेषांक नवसंचार के जनाचार में दिलीप खान का एक शोध प्रकाशित हुआ जिसमें उन्होंने मोदी और ट्रम्प के लिए सोशल मीडिया क्यों जरूरी है, विषय पर शोध किया है। उन्होंने लिखा है कि एक ही समय में जब ट्विटर पर मुद्दे ट्रेंड होते हैं तो मुख्यधारा के मीडिया पर भी दबाव बन जाता है कि इन मुद्दों को प्राइम टाइम

का हिस्सा बनाया जाए।[6] तो वहीं, मास मीडिया पत्रिका में लोकसभा इलेक्शंस 2019 : अंडर सोशल मीडिया इनफ्लुएंस पर शोध किया है, जिसमें यह बताया गया है कि 'मैं भी चौकीदार' या 'चौकीदार चोर है' के हैशटैग ट्विटर और टीवी दोनों जगह खूब चमके।[7]

ट्विटर: संचार का सशक्त माध्यम

ट्विटर जैसे माइक्रोब्लॉगिंग साइट को भी एजेंडा सेटिंग का हिस्सा बना लिया गया है। ट्विटर पर आज 280 शब्दों में अपनी बात को लिखा जा सकता है। पहले यह संख्या 140 थी। इस माध्यम से सूचना, तस्वीर और वीडियो को शेयर किया जा सकता है। डॉ. अमित शर्मा और आयुषी गोयल ने अपने शोध में बताया है कि यह कम बजट का माध्यम है। सभी की पहुंच में है। इसमें इतनी शक्ति है कि कम समय में सूचना को ज्यादा से ज्यादा आबादी तक भेज सकते है। हालांकि ट्विटर का प्रयोग एजेंडा के लिए भी किया जाता है। ट्विटर की महत्ता को इसकी लोकप्रियता से आंका जा सकता है। वर्तमान में ट्विटर पर प्रति सैकंड लगभग 6000 ट्वीट होते हैं। 350 हजार ट्वीट हर मिनट किए जाते हैं। एक दिन में 50 करोड़ ट्वीट किए जाते हैं।[8] इतनी अधिक संख्या में जब ट्वीट किए जाएंगे तो ट्विटर पर बहुत आसान हो जाता है किसी मुद्दे को ट्रेंड कराना। 2013 में ट्विटर को सबसे अधिक देखी गई वेबसाइट के रूप में सम्मानित किया गया। 2019 का लोकसभा चुनाव ट्विटर पर कैंपेन चलाए जाने से जीता गया। मास मीडिया में छपे लेख, लोकसभा इलेक्शन्स 2019: अंडर सोशल मीडिया इनफ्लुएंस शोध में यह बात निकलकर आई कि लोग संस्थानों से अपना विश्वास खो रहे हैं। सोशल मीडिया पर 'मैं भी चौकीदार' या 'चौकीदार चोर' है के हैंडल दिखाई दिए। इस तरह के अभियान ट्विटर से शुरु हुए और जनता के बीच पहुंचे। इन सबका चुनावों पर बहुत असर पड़ा।

ट्विटर राजनीति और मुख्यधारा का मीडियाः अंतर्संबंध

ट्विटर, राजनीति और मीडिया के बीच गहरा अंतर्संबंध है। यह अंतर्संबंध एक पैटर्न के रूप में काम करता है। कोई नेता ट्वीट करता है विपक्ष उस पर बयान देता है। अगर बयान विवादास्पद हो तो वह मुख्यधारा के मीडिया के लिए मसाला बन जाता है और ऐसे ही मुद्दे प्राइम टाइम का हिस्सा बन जाते हैं। इस पैटर्न को ध्यान से देखा जाए तो यह भी कहा जा सकता है कि नेता खुद ही एजेंडा सेट करते हैं। ट्वीट ट्रूथ एन्ड फेक न्यूजः, स्टडी ऑफ बीजेपीज ऑफिशियल ट्विटर हैंडल में शोधार्थी ने शोध किया है कि सामान्य तौर पर सूचना मास मीडिया में फैलती है लेकिन वर्तमान राजनेताओं के लिए सोशल, मीडिया अपनी नीतियों की सूचना जनता तक पहुंचाने में अहम भूमिका निभा रहा है।[9] भाजपा के एक ट्विटर हैंडिल के लिए काम करने वाले एक कर्मचारी का कहना है कि हम जो भी काम करते हैं वो पार्टी लाइन पर करते हैं। उनका कहना है कि हमारे कार्यकर्ताओं को प्रशिक्षण दिया जाता है कि सोशल मीडिया का इस्तेमाल कैसे करना है। अगर कोई सूचना सोशल मीडिया पर फैलानी है तो कार्यकर्ताओं को संदेश भेजा है। अगर किसी कार्यकर्ता का ट्वीट पीएमओ या कोई भी ऐसी बड़ी हस्ती जिसके ज्यादा फॉलोअर्स हैं, वे उन्हें रीट्विट कर देते हैं तो वह ट्रेंड बन जाते हैं।

स्वाति चतुर्वेदी ने अपनी किताब 'हाँ, मैं ट्रोल हूँ' में लिखा है कि कई प्रमुख सदस्यों वाला प्रकोष्ठ सुनिश्चित करता है कि कुछ विशेष हैशटैग, जिनका चयन अरविंद गुप्ता करते हैं, किसी खास दिन सोशल मीडिया पर ट्रेंड करें। वे पूरे भारत में फैलें। सोशल मीडिया कार्यकर्ताओं के एक बड़े नेटवर्क को रोज उस दिन के ट्वीट एजेंडा पर भी निर्देश भेजते हैं।[10] स्वाति ने अपनी किताब में बताया है कि कोई मुद्दा ट्रेंड कैसे बनाया जाता है और यह लाजमी है कि मुख्यधारा का मीडिया भी उससे प्रभावित होता है। तो वहीं ट्विटर का अपना

एल्गोरिथ्म होता है जिससे कोई मुद्दा ट्रेंड बनता है। ब्लूमलर और कवानघ (1999) का दावा है कि मास मीडिया समाज को किसी मुद्दे के लिए सहमत करा सकता है और इस लोकतांत्रिक व्यवस्था में राजनीतिक संचार को भी प्रभावित कर सकता है।[11] एक अन्य शोधार्थी एनली और स्कोजर्बो (2013) ने माना कि सोशल मीडिया सामान्य तौर पर हर एक राजनेता पर ध्यान देता है। सोशल मीडिया की मदद से राजनेता अपनी रूचि के मुद्दों की ओर जनता का ध्यान खींचने में सफल होते हैं। सोशल मीडिया अभियान के लिए प्रयोग किया जाता है। इस माइक्रोब्लॉगिंग साइट का प्रयोग राजनेता अपने मुद्दे को जनता के बीच पहुंचाने के लिए और उन्हें प्रभावित करने के लिए प्रयोग करते हैं।[12]

रिपब्लिक टीवी (प्राइम टाइम) और ट्विटर ट्रेंड का तालमेल

ब्रोडकास्ट ओडियंस रिसर्च काउंसिल के मुताबिक रिपब्लिक दूसरा सबसे बड़ा चैनल है जो सबसे अधिक देखा जाता है।[13] यही नहीं 6 जून को 10वीं बीसीएस रत्न सम्मान समारोह में चैनल को सर्वश्रेष्ठ अंग्रेजी चैनल का सम्मान दिया गया।[14] रिपब्लिक पर रात 9 बजे के बाद प्राइम टाइम शुरू होता है और दिन भर के प्रमुख तीन विषयों पर डिबेट होती है। इसे अर्नब गोस्वामी होस्ट करते हैं। इस चैनल पर हैशटैग के साथ डिबेट पर बहस होती है। साथ ही हैशटैग पर कितने ट्वीट हो गए यह भी स्क्रीन पर लिखा आता है। चैनल में काम करने वाले एक कर्मचारी का कहना है कि हम बहस का विषय जनता, कार्यकर्ता और पार्टी को ध्यान में रखकर करते हैं। फिर देखते हैं कि ट्विटर पर किसी ट्रेंड पर कितनी प्रतिक्रिया आ रही है फिर उसे चर्चा में शामिल करते हैं।

ट्विटर पर सात अगस्त को 1:35 बजे राहुल बैक्स पाकिस्तान हैशटैग चला। इस पर लोगों ने खूब प्रतिक्रिया दी और आगे भी रीट्वीट किया।

इस ट्रेंड को अर्नब गोस्वामी के डिबेट शो में लीड स्टोरी में देखा गया। कर्मचारी ने बताया कि दिन भर जो घटा, उसके आधार पर ट्रेंड लिया जाता है। साथ ही हर चैनल की अपनी खुद की सोशल मीडिया टीम होती है जो ट्रेंड पर नजर रखती है और कई बार खुद के और कई बार ट्विटर से सीधे ट्रेंड उठा लिए जाते हैं।

आंकड़ों का विश्लेषण

प्रस्तुत शोध में उद्देश्यों की प्राप्ति के लिए प्राथमिक आंकड़ों का प्रयोग किया गया है। इन प्राथमिक आंकड़ों का एकत्रीकरण सर्वे विधि से किया गया है। यह सर्वे गूगल डॉक्स की सहायता से किया गया।

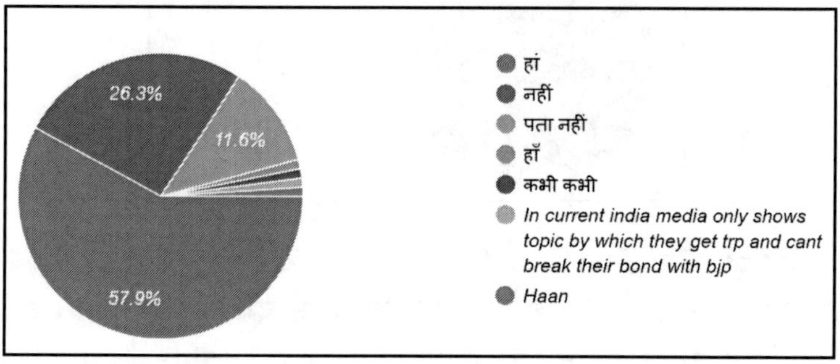

यह शोध मीडिया से जुड़े लोगों के बीच किया गया। इसमें यह अनुमान लगाया गया कि क्या ट्विटर ट्रेंड मुख्यधारा के मीडिया का

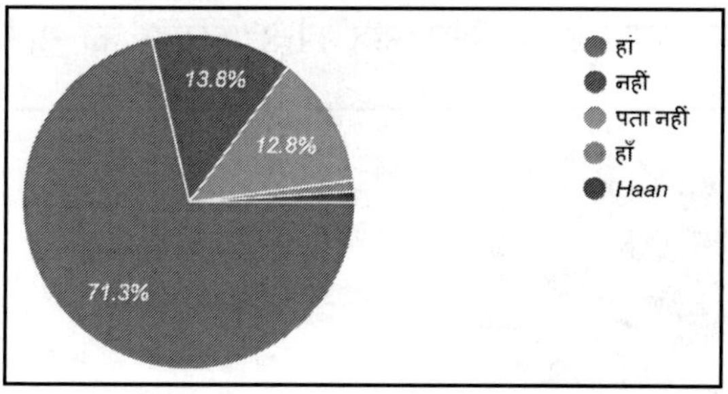

एजेंडा तैयार करते हैं। सवाल के जवाब में 95 लोगों के जवाब आए। जिसमें से 57.9 फीसदी लोग मानते हैं कि ट्विटर ट्रेंड मीडिया का एजेंडा तय करते हैं और कुल 26.3 का मानना है नहीं।

तो वहीं यह भी सच है कि ट्विटर पर राजनीतिक विचारों को एजेंडा के रूप में अधिक प्रचारित किया जाता है। इस पर 94 में से 71.3 फीसदी का मानना है कि ट्विटर पर राजनीतिक ट्रेंड को अधिक प्रचारित किया जाता है। 13.8 फीसदी का मानना है नहीं और 12.8 का मानना है, पता नहीं।

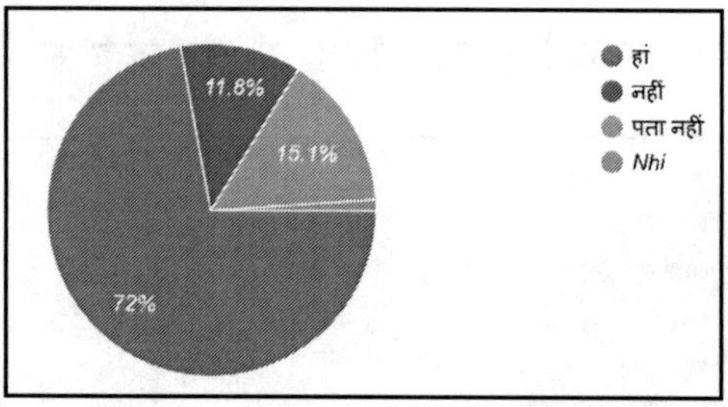

ट्विटर राजनेताओं के लिए वरदान है। यही नहीं साल 2014 हो या 2019, दोनों ही चुनाव सोशल मीडिया के दम पर जीते गए। कुछ राजनीतिक ट्वीट एजेंडा के तहत किए जाते हैं। मीडिया भी इनके प्रभाव से बच नहीं पाता। सर्वे के माध्यम से जब यह जानने की कोशिश की गई कि क्या राजनीतिक ट्विटर ट्रेंड रणनीति के तहत कराए जाते हैं तो 100 में 93 लोगों के जवाब आए। जिनमें से 72 फीसदी का मानना है, हां और मात्र 11.8 फीसदी का मानना है नहीं।

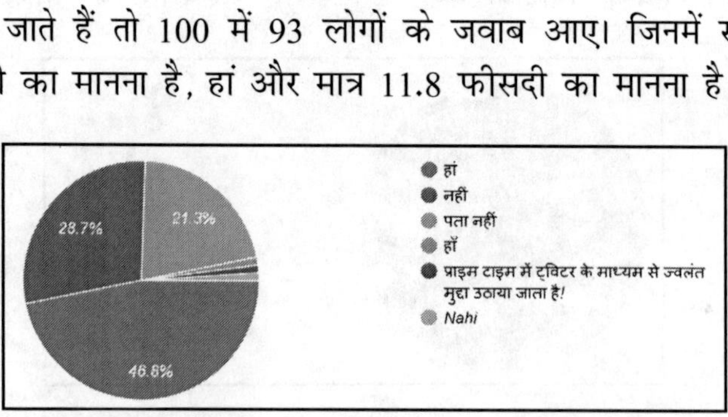

जब कोई मुद्दा सोशल मीडिया पर तेजी पकड़ता है तो मुख्यधारा के मीडिया को भी उस मुद्दे पर बहस करनी पड़ती है। क्योंकि सोशल मीडिया में इतनी ताकत है कि वह किसी भी मुद्दे को बड़ा मुद्दा बना सकता है। बड़ा मुद्दा होने की वजह से मुख्यधारा का मीडिया भी उसे बड़ा मुद्दा मानता है और उस मुद्दे पर बहस कराता है। शोध के लिए यह अनुमान लगाया गया ट्विटर के ट्रेंड, मुख्यधारा के मीडिया पर भी दबाव डालते हैं कि उन्हीं मुद्दों को प्राइम टाइम का हिस्सा बनाया जाए जो ट्विटर पर ट्रेंड कर रहे हैं। इस सवाल के जवाब में 94 लोगों की प्रतिक्रिया आई। जिसमें से 46.8 फीसदी का मानना है कि हां, ऐसा है कि ट्विटर के ट्रेंड मुख्यधारा के मीडिया पर दबाव डालते हैं। तो वहीं 28.7 फीसदी का मानना है नहीं और 21.3 फीसदी असमंजस में हैं। उन्होंने पता नहीं विकल्प को चुना। तो वहीं कुछ ने जवाब दिया कि प्राइम टाइम में ट्विटर के माध्यम से ज्वलंत मुद्दा उठाया जाता है।

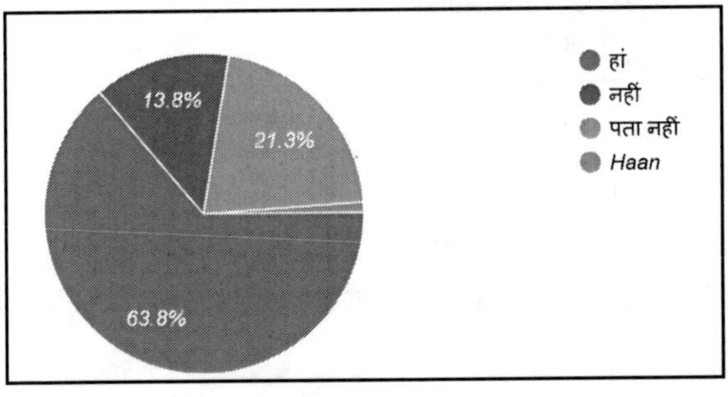

अगर इस अगस्त माह में जिन मुद्दों पर जमकर बहस हुई उनका विश्लेषण किया जाए तो यह साफ नजर आएगा कि ये पूरा माह एजेंडा सेटिंग का एक बड़ा उदाहरण साबित हुआ। तीन तलाक, रामजन्म भूमि विवाद, जम्मू-कश्मीर से अनुच्छेद 370 का हटना...ये मुद्दे थे जो पूरे मीडिया से लेकर सोशल मीडिया तक छाए। अखबारों के पहले पन्ने से लेकर प्राइम टाइम और ट्विटर के ट्रेंड, सभी ओर यही मुद्दे छाए रहे। ऐसे में देश में कितने सेक्टरों से नौकरियां चली

गई। ये सभी जनमत के मुद्दे गौण हो गए। अगस्त माह में ट्विटर पर जो राजनीतिक मुद्दे ट्रेंड हुए, और वे प्राइम टाइम का हिस्सा भी बने इससे जनमत के मुद्दे छूट गए। इस सवाल के जवाब में सर्वे में आया कि 63.8 फीसदी का मानना है कि हां, ऐसा हुआ। 13.8 फीसदी ने नहीं विकल्प और 21.3 फीसदी ने पता नहीं विकल्प को चुना। सर्वे से भी यह बात पुष्ट होती है कि पूरे अगस्त माह जिन मुद्दों को बड़ा मानकर बहस हुई वे एजेंडा सेटिंग का ही हिस्सा थे।

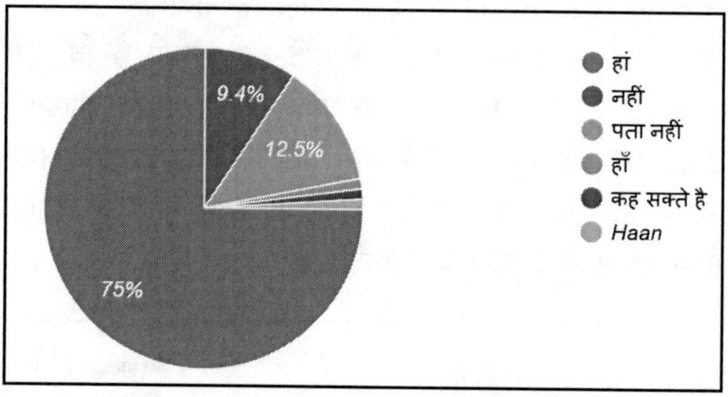

प्रस्तुत शोध बताता है कि सोशल मीडिया और मुख्यधारा के मीडिया में आपस में संबंध है। यह संबंध एजेंडा सेटिंग की अवधारणा के अंतर्गत देखा जा सकता है। सोशल मीडिया ने एजेंडा

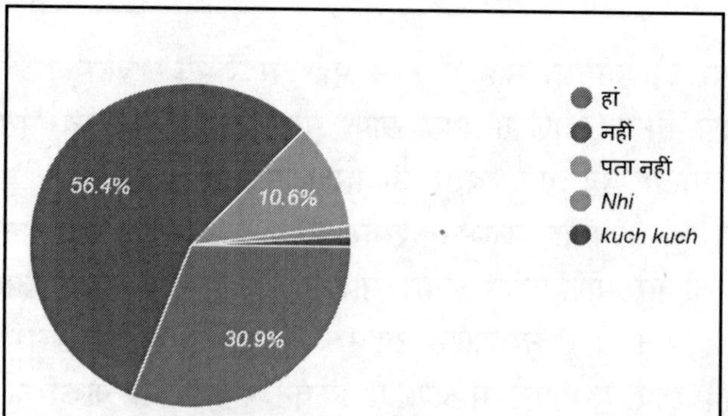

सेटिंग की अवधारणा को विस्तार दिया है। इस पर 96 लोगों की प्रतिक्रिया आई। जिसमें से 75 फीसदी का मानना है हां और 9.4 फीसदी का नहीं और 12.5 फीसदी का पता नहीं।

शोध के उद्देश्यों की प्राप्ति के लिए सर्वे में यह सवाल भी पूछा गया कि क्या मीडिया अपना एजेंडा खुद तैयार करता है और उसमें ट्विटर के ट्रेंड की कोई भूमिका नहीं होती। इस सवाल के जवाब में 94 लोगों के जवाब आए जिसमें से 56.4 फीसदी ने नहीं विकल्प को चुना। इसका मतलब है कि एक बड़ी संख्या मानती है कि ट्विटर के ट्रेंड की भूमिका है मुख्यधारा के मीडिया का एजेंडा तैयार करने में। 30.9 फीसदी का मानना है नहीं और 10.6 का मानना है, पता नहीं है।

प्राप्ति और निष्कर्ष

गांधी ने मशीनीकरण का हमेशा विरोध किया। उनका मानना था कि मशीन का उतना प्रयोग ही करना चाहिए जितना जरूरी हो। मशीन का इतना प्रयोग नहीं करना चाहिए कि मशीन इंसान को नियंत्रित करने लग जाए। वर्तमान संदर्भों में ऐसा ही हो रहा है। सोशल मीडिया का बेतहाशा प्रयोग, समाज के लिए खतरनातक साबित हो रहा है। अब जो एजेंडा सेटिंग केवल मुख्यधारा का मीडिया कर रहा है अब सोशल मीडिया की वजह से इस अवधारणा में और अधिक विस्तार हुआ है। मीडिया संस्थानों की संपादन नीति होती है लेकिन सोशल मीडिया के पास कोई नीति नहीं है। इस वजह से इसका प्रयोग किसी भी दिशा में किया जा सकता है। ट्विटर पर किसी ट्रेंड के चलते पत्रकार रिपोर्टिंग पर जाते हैं। समाचार की महत्ता के बारे में सोशल मीडिया बता रहा है। यह दौर सोशल मीडिया का दौर कहा जा सकता है लेकिन अगर इसका प्रयोग ठीक से नहीं किया गया तो आम जन के मुद्दे कहीं पीछे छूट जाएंगे। पूरे अगस्त माह में देखा गया कि देश के मीडिया के लिए तीन तलाक, राम मंदिर, अनुच्छेद 370 से बड़ा

मुद्दा कुछ था ही नहीं। मीडिया से लेकर सोशल मीडिया तक इन्हीं मुद्दों पर बहस हुई। ऐसे में नई शिक्षा नीति, नेशनल मेडिकल कमीशन, ऑटो मोबाइल सेक्टर में 2 लाख से अधिक नौकरियों का खत्म होना, पारलेजी से 10 हजार कर्मचारियों को निकाला जाना आदि मुद्दे पीछे छूट गए। इस शोध से यह सिद्ध हुआ कि एजेंडा सेटिंग को लेकर सोशल मीडिया की, मुख्यधारा के मीडिया के लिए अहम भूमिका है।

संदर्भ ग्रंथ और वेबपोर्टल सूची

1. (http://mediakipathshala.blogspot.com/2015/05/blog-post_5.html)
2. https://dergipark.org.tr/en/download/article-file/397974.
3. (http://www.newswriters.in/2017/07/29/dynamics-of-news-and-agenda-setting/)
4. https://www.researchgate.net/publication/322081120_Agenda_Setting_through_Social_Media_The_Importance_of_Incidental_News_Exposure_and_Social_Filtering_in_the_Digital_Era.
5. https://www.tandfonline.com/doi/full/10.1080/21670811.2012.741316.
6. हंस: नवाचार के जनाचार (विशेषांक) अंक: सितम्बर 2018, पेज 81।
7. मास मीडिया पत्रिका, अंक-88, पेज 15।
8. https://www.internetlivestats.com/twitter-statistics/?fbclid=IwAR2_krWOvkcSB6pLZElL1zzXqZJM_uiXez-f_BpoQeR8THbhSacAxJTLDKw.
9. https://www.researchgate.net/publication/330445680_Tweet_Truth_and_Fake_News_A_Study_of_BJP's_Official_Tweeter_Handle.
10. चतुर्वेदी, स्वाति. (2017). हां, मैं ट्रोल हूँ, नई दिल्ली: जगरनॉट बुक्स 2017, पेज-53.
11. https://www.researchgate.net/publication/330445680_Tweet_Truth_and_Fake_News_A_Study_of_BJP's_Official_Tweeter_Handle.
12. https://www.researchgate.net/publication/330445680_Tweet_Truth_and_Fake_News_A_Study_of_BJP's_Official_Tweeter_Handle.
13. https://www.indiantelevision.com/television/tv-channels/viewership/republic-tv-tops-as-most-watched-private-english-news-channel-in-new-trai-tariff-regime-190409.
14. https://en.wikipedia.org/wiki/Republic_TV.

6

अभिव्यक्ति की स्वतन्त्रता मीडिया के संदर्भ में

– कपिल देव पंवार

मीडिया और जनसंचार एक दूसरे के पूरक शब्द हैं, जिनमें समाज की आकृतियाँ सुरक्षित रहती हैं। मीडिया जनसंचार का माध्यम है, जिससे जनसमूह के बीच सूचना, समाचार, विज्ञापन, शिक्षा, मनोरंजन आदि का आदान प्रदान होता है। मीडिया के प्रमुख दृश्य एवं श्रव्य माध्यम पत्र-पत्रिकाएं, अखबार, रेडियो, टेलीविजन एवं इंटरनेट हैं, जिनका विकास कालान्तर से निरन्तर गतिमान है। अभिव्यक्ति के लिए ये माध्यम हर दौर में तकनीकों के साथ विकसित होते गए। समग्र रुप से इन सभी माध्यमों से मानव मन की उस अभिव्यक्ति का संचार होता है जो हमारे संविधान द्वारा हमें प्रदत्त हैं। भारत में अभिव्यक्ति की आजादी से ही स्वतन्त्र मीडिया का जन्म हुआ है। भारतीय संविधान के अनुच्छेद 19 (1) ए, में मौलिक अधिकारों के तहत नागरिकों को वाक् एवं अभिव्यक्ति की स्वतन्त्रता का अधिकार दिया गया है। हमारे संविधान के भाग 3 के अनुच्छेद 12 से 35 तक जिन मौलिक अधिकारों का प्रावधान है, उनके संरक्षण व संवर्धन का मूल आधार

अभिव्यक्ति की स्वतन्त्रता अनुच्छेद 19 (1) ए को मान सकते हैं क्योंकि किसी भी अधिकार के हनन पर बोलने की स्वतन्त्रता से ही उस अधिकार को प्राप्त किया जा सकता है और मूल रूप से मीडिया का जन्म नागरिक के मूल अधिकारों के हनन होने पर उसे एक सार्वजनिक मंच देने के लिए हुआ है।

व्यावहारिक रूप से जनसंचार के विभिन्न माध्यमों को मीडिया कहा जाता है। मीडिया की अभिव्यक्ति की स्वतन्त्रता के लिए संविधान में कोई अलग से प्रावधान नहीं है। 'भारत की आजादी के पूर्व चूंकि कोई बुनियादी अधिकार नही थे, इसलिये अभिव्यक्ति की स्वतन्त्रता या प्रेस की स्वतन्त्रता की कोई गारंटी नहीं थी। स्वतन्त्रता भारत में संविधान के अनुच्छेद 19 (1) ए, में वाक् और अभिव्यक्ति की स्वतन्त्रता के मौलिक अधिकार की गारण्टी में ही प्रेस की स्वतन्त्रता के निहित होने के सर्वोच्च न्यायालय के निर्णय से 'प्रेस स्वतंत्रता' की स्वतः ही गारंटी की पुष्टि हो गयी। डॉ.बी.आर. अम्बेडकर ने भी संविधान-निर्माण के समय ही 'प्रेस स्वतंत्रता' के प्रश्न को स्पष्ट कर दिया था।"[1]

अतः मीडिया की स्वतन्त्रता का अधिकार भारतीय नागरिक की तरह है और मीडिया की स्वतन्त्रता, अभिव्यक्ति की स्वतन्त्रता का अभिन्न अंग है, जो लोकतान्त्रिक व्यवस्था को संतुलित रखने के लिए अनिवार्य भी है।

आजादी से पूर्व अभिव्यक्ति प्रदर्शन के लिए मीडिया का प्रिंट माध्यम ही सबसे सशक्त माध्यम था। हालांकि 1927 ई0 से भारत में मीडिया के श्रव्य माध्यम के रूप में रेडियो का विकास हो चुका था लेकिन रेडियो तब ब्रिटिश हुकूमत के पूर्ण नियन्त्रण में था इसलिए भारत के आम जनमानस की अभिव्यक्ति को प्रसारित करने में रेडियो की भूमिका आजादी तक नगण्य थी। अमेरिका के संविधान की तर्ज पर ही आजादी के बाद संविधान द्वारा भारत के नागरिक को

अभिव्यक्ति की स्वतन्त्रता का अधिकार प्राप्त हुआ और इस अधिकार के साथ मीडिया भारत का चौथा स्तम्भ और समाज के आवश्यक अंग के रूप में स्थापित हुआ। भारतीय संविधान में नागरिकों के लिए जब अभिव्यक्ति की स्वतन्त्रता को सुनिश्चित किया गया तब यह भी सुनिश्चित किया गया कि यह स्वतन्त्रता पूर्ण नही है। संविधान के अनुच्छेद 19 (2) में प्रावधान है कि 'अनुच्छेद 19 के अन्तर्गत दिये गये मूलाधिकार आत्यंतिक प्रकृति के नहीं हैं बल्कि उन पर युक्तियुक्त प्रतिबन्ध लगाया जा सकता है।[2]

अत: भारत में अभिव्यक्ति की स्वतन्त्रता असीम नही है। अनुच्छेद 19 (2) के तहत रखे गए प्रावधानों में एक नागरिक को अपने विचार रखने, प्रकाशित करने और प्रचारित करने का अधिकार है और इस अधिकार पर कोई भी रोक अनुच्छेद 19 (1) के तहत गलत होगी। लेकिन आज अभिव्यक्ति की स्वतन्त्रता का मनमाना इस्तेमाल करना भी आम हो गया है। हाल ही में उत्तरप्रदेश के स्वतन्त्रता पत्रकार प्रशान्त कनौजिया ने, ट्वीटर पर मुख्यमंत्री आदित्यनाथ पर एक टिप्पणी की थी, जब मामले पर पत्रकार प्रशान्त की गिरफ्तारी हुई तो मामला सुप्रीम कोर्ट तक पहुंच गया। जिसके बाद सुप्रीम कोर्ट ने सुनवाई करते हुए उन्हें जमानत पर रिहा करने के आदेश दिए। लेकिन रिहाई के बाद इस पूरे मामले को मीडिया संगठनों ने अभिव्यक्ति की आजादी का हनन बताया। ऐसा ही एक मामला है जब एनडीटीवी के संस्थापक प्रशान्त राय के घर पर सीबीआई ने छापा मारा तो न सिर्फ एनडीटीवी ने इसे मीडिया पर हमला बताया बल्कि भारत के वामपंथी संगठनों व दिल्ली के मुख्यमंत्री अरविन्द केजरीवाल एवं पश्चिम बंगाल की मुख्यमत्री ममता बनर्जी ने भी इस को अनुचित ठहराया, जबकि सीबीआई ने इस पूरे मामले में शेयरों की गुपचुप तरीके से लेन-देन सम्बधी पुख्ता सबूत पेश किए थे। ऐसे कई मामले देश में सामने आ चुके हैं जब मीडिया संस्थान, व्यक्तिगत अथवा संस्थागत

फायदे के लिए अनैतिक कार्य करते हैं और जब उन पर संवैधानिक कार्यवाही होती है तो उसे वह अभिव्यक्ति की आजादी पर हमला बताती है। ऐसे में इस प्रश्न का उत्तर तलाशा जाना जरूरी है कि क्या अभिव्यक्ति की आजादी के नाम पर किसी को कुछ भी कहने या करने की इजाजत दी जानी चाहिए?, यह प्रश्न आज भी अनुत्तरित है।

आजादी के बाद इन 73 वर्षों में अभिव्यक्ति की स्वतन्त्रता के मायने भी बदले और प्रेस मीडिया को भी अपने अधिकारों को प्राप्त करने के लिए समय-समय पर सर्वोच्च न्यायालय की शरण में जाना पड़ा। प्रेस की स्वतन्त्रता से जुड़े विभिन्न पहलुओं पर सर्वोच्च न्यायालय ने समय-समय पर महत्वपूर्ण निर्णय दिये हैं, 'एक्सप्रेस न्यूज-पेपर लिमिटेड बनाम यूनियन ऑफ इंडिया, सकल पेपर्स बनाम यूनियन ऑफ इण्डिया, बैनेट कॉलमैन कम्पनी प्रकरण'[3] आदि मामलों पर सर्वोच्च न्यायालय ने महत्वपूर्ण सुनवाई कर प्रेस की स्वतन्त्रता को सुरक्षा व मजबूती दी। लेकिन नागरिक अभिव्यक्ति का सबसे बड़ा मंच मीडिया बदलते परिपेक्ष्य में अलग-अलग दिशाओं में नजर आता है। आज कहीं राजनीति के आगे मीडिया नतमस्तक दिखता है तो कहीं एजेण्डा प्लान के स्वरूप को लिए हुए। वर्तमान में मीडिया की स्थिति पर देश के प्रधानमंत्री नरेन्द्र मोदी जी ने कहा कि "संपादकीय आजादी का लोकहित में समझदारी से इस्तेमाल किया जाना चाहिए, ...लिखने की आजादी का मतलब तथ्यात्मक रूप से गलत लिखने की आजादी से नहीं है... प्रेस को चौथा स्तम्भ कहा जाता है जाहिर है लेकिन इसका गलत इस्तेमाल अपराध है... आजकल मीडिया की बहस राजनीति के इर्द गिर्द घूमती है लेकिन भारत केवल राजनीति नहीं है...125 करोड़ लोग भारत बनाते हैं"[4]

'सबसे पहले' की दौड़ में मीडिया, 'मीडिया ट्रायल' चलाकर दूसरे की अभिव्यक्ति का हनन भी करता है जिससे न्याय व्यवस्था भी प्रभावित होती है, वहीं टीआरपी के चक्कर में मीडिया के अंदर

संयम की कमी भी दिखाई दे रही है। गौरतलब है कि आजादी के बाद देश में प्रेस आयोग का गठन केवल 2 बार हुआ है। प्रेस आयोग का पहला गठन वर्ष 1952 में हुआ, जिसका मुख्य उद्देश्य प्रेस की स्थिति, विकास, सम्भावनाएं व अधिकारों का आकलन करना था। भारत सरकार ने आयोग को कई महत्वपूर्ण बिन्दुओं पर आंकलन करने के निर्देश दिए, जिसमें एक महत्वपूर्ण बिन्दु था कि आयोग, प्रेस नियन्त्रक कम्पनियों का प्रभाव, विज्ञापनों का विवरण और इस तरह का बाहरी प्रभाव जिससे स्वस्थ पत्रकारिता का विकास प्रभावित होता हो, का आंकलन करें। लेकिन जुलाई 1954 ई. में आयोग ने जो रिपोर्ट सरकार को सौंपी उस पर विशेष कार्य नहीं हुआ। दरअसल अभिव्यक्ति की स्वतन्त्रता को प्रभावित करने के प्रमुख कारण प्रेस नियन्त्रक कम्पनियों की औद्योगिक रणनीति बनती हुई दिख रही थी, वहीं व्यक्तिगत स्वार्थों के लिए सरकार एवं राजनीतिज्ञों के चुंगल में भी प्रेस मीडिया फंसता जा रहा था।

मीडिया की अभिव्यक्ति पर सरकार की तरफ से सबसे बड़ा प्रहार 26 जून 1975 को तब हुआ जब तत्कालीन प्रधानमत्रीं इन्दिरा गाँधी ने एमरजैन्सी लगाकर मीडिया पर भी पाबन्दी लगा दी। यह अभिव्यक्ति की स्वतन्त्रता पर सबसे बड़ा हमला माना गया हालांकि इससे पहले वर्ष 1962 में भारत–चीन युद्ध एवं वर्ष 1971 में भारत–पाकिस्तान युद्ध के दौरान भी आपातकाल के दौरान प्रेस सेंसरशिप लगी थी लेकिन वर्ष 1975 के आपातकाल के दौरान लगी प्रेस सेंसरशिप की आज तक कड़ी आलोचना होती है। 'उस वक्त ऑल इंडिया रेडियो के समाचार संपादक रहे कपिल अग्निहोत्री के मुताबिक, वह पहला मौका था जब सत्ता को लगा कि खबरें उसके खिलाफ नहीं होनी चाहिए। पहली बार समाचार एजेंसी पीटीआई–यूएनआई को चेताया गया कि बिना जानकारी इस तरह से खबरें जारी नही करनी हैं। समाचार एजेंसी तब सरकार की बात न मानती तो एजेंसी के सामने बन्द होने का खतरा मंडराने लगता।'[5]

ऐसे में प्रेस की स्वतन्त्रता की भूमिका व उसके अधिकारों को मजबूती देना, एक महत्वपूर्ण विषय है। 'प्रथम प्रेस आयोग और राष्ट्रीय एकता परिषद् की सिफारिश पर संसद ने वर्ष 1965 में प्रेस परिषद् अधिनियम पारित किया और 4 जुलाई, 1965 को भारतीय प्रेस परिषद् की स्थापना की गई। लेकिन वर्ष 1976 में यह परिषद कानून रद्द कर दिया गया। बाद में फिर से प्रेस परिषद् गठित करने के लिए एक नया प्रेस परिषद् अधिनियम 1978 बनाया गया, यह अधिनियम पहली मार्च 1979 से लागू हुआ।'[6]

प्रेस अधिनियम को लागू करने का कार्य सरकार ने आजादी के बाद कर दिया था लेकिन वर्ष 1975 ई0 के आपातकाल में प्रेस के अधिकार जिस तरह पाबन्द हुए उसने प्रेस की स्वतन्त्रता पर भारत सरकार को एक बार फिर चिन्तन करने को मजबूर कर दिया। आपातकाल हटने के बाद देश में जनसंघ की सरकार आई जिसने नया प्रेस अधिनियम एक्ट 1978 पारित करवाया।

इस विषय में दूरदर्शन के समाचार सम्पादक राजीव कुमार भारद्वाज लिखते हैं कि 'वर्ष 1977 में जनता पार्टी सरकार ने महसूस किया कि व्यापक जांच की जानी चाहिए। आपातकाल के अनुभव के बाद न्यायमूर्ति पी.के. गोस्वामी ने दूसरा प्रेस आयोग बैठाया जिसे प्रेस की स्वतन्त्रता की गांरटी सुनिश्चित करने के उपाय का काम सौंपा गया।'[7]

अभिव्यक्ति की आजादी के संरक्षण के लिए दो आयोग जरूर बने लेकिन 80 के दशक के बाद तीसरे प्रेस आयोग का गठन आज तक नही हुआ है, यही कारण है कि इन 40–45 सालों में मीडिया में तकनीकी ज्ञान और विभिन्न जनसंचार माध्यमों से अभिव्यक्ति की स्वतन्त्रता के मायने भी बदले हैं और उसकी सीमाओं का उल्लंघन भी हो रहा है। मीडिया आज समाज की अभिव्यक्ति को मंच देने की बजाय स्वकेन्द्रित अभिव्यक्ति का माध्यम बनता जा रहा है। वर्तमान में हालत ये है कि उदाहरणत: मीडिया के आगे यदि कोई अधभरा

पानी का गिलास रखा जाये तो मीडिया का एक पक्ष उसके आधा भरे होने की उपलब्धि तक सीमित रहेगा तो दूसरा पक्ष उसके खाली होने का विलाप ही करेगा लेकिन कोई ऐसा मीडिया नही होगा जो उसके आधे भरे होने व आधे खाली होने की स्पष्ट जानकारी देगा। इस उदाहरण का सार यही है कि मीडिया में एकपक्षीयता की समस्या दिन-ब-दिन बढ़ती जा रही है।

मीडिया में आई इस परम्परा का फायदा राजनीतिक दलों को सबसे ज्यादा हो रहा है, या यह भी कह सकते हैं कि राजनीतिज्ञ इसका खूब लाभ उठा रहे हैं। राजनीति के प्रहार के आगे प्रेस की स्वतन्त्रता का हनन होना भी आम हो गया है। आज मन-मुताबिक खबर न होने पर राजनेता, पत्रकारों की खबर पर मानहानि के केस दर्ज कर देते हैं जिससे पूरे मीडिया की अभिव्यक्ति प्रभावित होती है। आमतौर पर न्यायालय ऐसे मामलों में पत्रकारों के पक्ष में भी फैसले देता है लेकिन एक पत्रकार या एक मीडिया संस्थान को न्यायालय के चक्कर काटने में जो मानसिक, शारीरिक आघात पहुँचता है उसकी पूर्ति नहीं की जा सकती है। ऐसे मामलों में अभिव्यक्ति की स्वतन्त्रता का अधिकार एक व्यक्ति से तब छिन जाता है जब वह आर्थिक अभाव के कारण न्यायालय में अपना पक्ष रखने से पहले राजनीतिक, प्रशासनिक दबाव के आगे नतमस्तक हो जाता है और वह माफीनामा तक पेश कर देता है।

जहाँ मौजूदा दौर में देश में मानहानि व पत्रकारों की हत्या के मामले भी बढ़े हैं। अन्तराष्ट्रीय न्यूज बेबसाइट https://www.dw.com द्वारा भारत मे पत्रकारों की सुरक्षा पर छपी एक खबर के मुताबिक रिपोर्ट में उल्लेख किया गया है कि 'बड़े शहरों से इतर छोटे शहरों और ग्रामीण इलाकों में पत्रकारों की जान पर अधिक जोखिम है। नेशनल क्राइम रिकॉर्ड ब्यूरों के आंकड़ों के मुताबिक साल 2015 से लेकर अब तक करीब 142 पत्रकार हमलों का शिकार हो चुके हैं.

वहीं साल 1992 से लेकर 2016 के बीच करीब 70 पत्रकार मारे गए थे। इनमें से अधिकतर स्वतंत्र पत्रकार थे जिनकी हत्या इनके घर या दफ्तर के पास की गई। कई मामलों में पत्रकारों पर होने वाले हमलों की रिपोर्ट इसलिए भी नहीं होती क्योंकि उन्हें स्थानीय नेता, पुलिस या रसूखदार लोगों से धमकियां मिलती हैं.'[8]

अभिव्यक्ति की स्वतन्त्रता के बदलते परिदृश्य पर सर्वोच्च अदालत के प्रधान न्यायधीश रहे दीपक मिश्रा ने अपने कार्यकाल के दौरान 'द वायर' की पत्रकार रोहणी सिंह की याचिका पर सुनवाई करते हुए कहा कि 'हम प्रेस की आजादी का सम्मान करते हैं पर उसे भी जिम्मेदारी से काम करना चाहिए। इलेक्ट्रॉनिक मीडिया ये नहीं सोच सकता कि वो रातों-रात पोप बन सकता है। इलेक्ट्रानिक मीडिया में कई लोग ये सोचते हैं कि वो कुछ भी लिख सकते हैं।'[9]

सैद्धान्तिक रूप से अभिव्यक्ति की स्वतन्त्रता के अधिकार से मीडिया मुख्य रूप से उन उद्देश्यों की पूर्ति करता है जो कमजोर व हाशिये पर खड़े लोगों और आम जनमानस के हितों, उनके जीवन मूल्यों से जुड़े शाश्वत प्रश्नों का समाधान करें लेकिन धीरे-धीरे मीडिया का स्वामित्व और संचालन ऐसे पूँजीपतियों के हाथों आ गया है कि मीडिया निजी स्वार्थ अथवा पूर्वाग्रह के कारण तटस्थता खो बैठा है। इस विषय पर प्रसिद्ध समाज शास्त्री प्रो0 राम गोपाल सिंह कहते हैं कि 'आज देश में इलेक्ट्रॉनिक मीडिया, राज्य निर्देशित स्वायत्त संस्था, प्रसार भारती अथवा देश के बड़े औद्योगिक घरानों एवं बहुराष्ट्रीय निगमों के अधीन संचालित हैं।'[10]

देश में मीडिया का स्वतन्त्र विकास अभिव्यक्ति के लिए हुआ लेकिन तकनीकी ने इसे व्यापार में तब्दील कर दिया। प्रिंट मीडिया से लेकर वर्तमान सोशल मीडिया तक के विकासक्रम में मीडिया ने समय-समय पर अभिव्यक्ति के मायने भी बदलकर रख दिये और व्यापार को देखते हुए सिद्धान्तों से भी समझौता किया। प्रो. राम गोपाल

सिंह के शब्दों में 'मीडिया को अपनी आर्थिक जरूरतों के लिए विज्ञापनों पर निर्भर रहना पड़ता है। ऐसे में जहाँ उसे अन्य विषयों के कवरेज को कम कर विज्ञापनों को कवरेज देना पड़ता है वहीं विज्ञापनदाताओं, चाहे वह राज्य हो या कारपोरेट जगत के हितों के विरूद्ध जाने से बचना पड़ता है। भले ही ऐसा करना उसकी व्यावसायिक नैतिकता और लोकहित के विरूद्ध ही क्यों न हो। वैसे आर्थिक जरूरतों के चलते मीडिया यदि एक सीमा तक व्यावसायिक नैतिकता से मजबूरी में समझौता करता है तो उसे अनदेखा किया जा सकता है किंतु अगर मुनाफा कमाने के लिहाज से वह ऐसा करता है तो निस्संदेह उसका यह कार्य न केवल नैतिक कदाचरण बल्कि एक अक्षम्य अपराध है।'[11]

अभिव्यक्ति की आजादी के नाम पर अब मीडिया, एजेण्डा सेटिंग का कार्य करने में ज्यादा दिलचस्पी दिखा रहा है और जब मीडिया संस्थान पर कोई संवैधानिक कार्यवाही भी होती है तो उसे लोकतन्त्र पर हमला या अभिव्यक्ति की स्वतन्त्रता पर हमला करार दिया जाता है। पाञ्चजन्य के सम्पादक हितेश शंकर के शब्दों में "आज मीडिया केवल माध्यम बनकर रह गया है, अभिव्यक्ति की स्वतन्त्रता के नाम पर स्वच्छन्दता का प्रचलन बढ़ा है।"[12]

आज प्रेस मीडिया, इलेक्ट्रॉनिक मीडिया, सोशल मीडिया के द्वारा छवि बनाने के लिए प्रयोग खूब किया जा रहा है तो मीडिया द्वारा किसी घटना की गलत अथवा अपूर्ण जानकारी या बढ़ा-चढ़ा कर पेश करने की समस्या अब आम हो चुकी है। हाल ही में जम्मू कश्मीर राज्य से धारा 370, 35ए हटाने के बाद अभिव्यक्ति की स्वतन्त्रता का उल्लंघन साफ तौर से दिखा। जब अपनी वैचारिक दृष्टि के आगे मीडिया ने कई बार देश की अस्मिता को भी दरकिनार कर दिया।

स्वन्त्रता से स्वच्छन्दता की ओर बढ़ते इस अनैतिक प्रयास के दौर में मीडिया अभिव्यक्ति की स्वतन्त्रता को खतरे में बताता है तो

सोशल मीडिया को लोकतन्त्र का पाँचवा स्तम्भ कहना अतिश्योक्ति नहीं होगी। जहाँ प्रिंट व इलेक्ट्रॉनिक मीडिया ने औद्योगिक रूप लिया तो सोशल मीडिया ने इस 'मेन स्ट्रीम मीडिया' को आईना दिखाने का कार्य किया। पाञ्चजन्य के सम्पादक हितेश शंकर सोशल मीडिया की ताकत व अभिव्यक्ति की स्वतन्त्रता की मजबूती पर एक दिलचस्प टिप्पणी करते हैं कि- "आज तक संसाधनों से हीन जिस व्यक्ति की बात की जाती थी, आज के दौर में उसी व्यक्ति के चार हजार रूपये के फोन ने 100 करोड़ के चैनल को आइना दिखाने का काम किया है, मलाईदार चैनल के लोग सरोकार की बात करते हैं तो उनके घपले-घोटालों को उजागर करने का काम दो-चार हजार के मोबाइल और 150 शब्दों के ट्वीट करते हैं। बहुत समय से बहुत सारी बुरी चीज दबी थी जो अब खुल रही हैं इसलिए मीडिया के ये अच्छे दिन ही हैं।"[13]

सोशल मीडिया के इस दौर में अभिव्यक्ति की स्वतन्त्रता के अधिकार को बल मिला है लेकिन आज स्वतन्त्रता ने जिस स्वच्छन्दता का रूप लिया है वह निश्चित रूप से चिन्तनीय है। आज जरूरत इस बात की भी है कि अभिव्यक्ति की स्वतन्त्रता को किसी तरह जवाबदेह बनाया जाये ताकि अनर्गल प्रलाप से संघीय राष्ट्र की अस्मिता को बचाकर जिन्दा रखा जा सके।

सन्दर्भ ग्रंथ

1. प्रेस मीडिया और जनसंचार, सम्पादन प्रकाश थपलियाल, पृ. संख्या 164
2. भारत का संविधान, ओ0पी0राय व एसपी सिंह परमार, पृ. संख्या 39
3. प्रेस मीडिया और जनसंचार, सम्पादन प्रकाश थपलियाल, पृ. संख्या 164
4. https://www.youtube.com/watch?v=k9teQXWwn7Dk
5. https://www.jansatta.com/national/present-media-vs-emergency-journalism-emergency-in-india-1975/29665/
6. प्रेस मीडिया और जनसंचार सम्पादन प्रकाश थपलियाल, पृ. संख्या 187-188
7. प्रेस मीडिया और जनसंचार, सम्पादन प्रकाश थपलियाल, पृ. संख्या 189

8. https://www.dw.com/hi/
9. https://habar.ndtv.com/news/india/chief-justice-of-india-dipak-mishra-comment-on-media-freedom-hearing-a-petition-1824116
10. वैश्वीकरण, मीडिया और समाज, प्रो0 रामगोपाल सिंह, पृ. संख्या 6
11. वैश्वीकरण, मीडिया और समाज, प्रो0 रामगोपाल सिंह, पृ. संख्या 6
12. लोक सभा टीवी प्रोग्राम, मीडिया का सच, https://www.youtube.com/watch?v=kbWo0kMENYmY
13. लोक सभा टीवी प्रोग्राम, मीडिया का सच, https://www.youtube.com/watch?v=kbWo0kMENYmY

7

लोकतंत्र में मीडिया की भूमिकाः भारतीय संदर्भ में

– डा. श्रीभगवान ठाकुर

यह शोध पत्र दो भागों में विभक्त है। इसके प्रथम खण्ड में लोकतंत्र में मीडिया की भूमिका की चर्चा की गई है जबकि दूसरे में भारतीय मीडिया वर्तमान में कहां खड़ी है, इसकी चर्चा की गई है।

शासन व्यवस्था के रूप में लोकतांत्रिक प्रणाली का विकास आधुनिक काल की महत्वपूर्ण उपलब्धि मानी जाती है। प्राचीन काल में भी लोकतांत्रिक गणराज्यों का उदाहरण प्राप्त होता है। जैसे कि ग्रीक में तथा भारत में लिच्छवी गणराज्य का नाम लिया जा सकता है। किन्तु वर्तमान लोकतांत्रिक प्रणाली में और उनमें बहुत बड़ा बुनियादी अंतर है। तथाकथित प्राचीन गणराज्यों में निर्वाचन प्रक्रिया का अधिकार सीमित था। वह सभी नागरिकों को प्राप्त नहीं था। जबकि वर्तमान लोकतांत्रिक प्रणाली, महत्वपूर्ण मानवीय जीवन मूल्यों, स्वतंत्रता और समानता पर आधारित है; जिसकी अनुगूंज फ्रांस की नेशनल एसेंबली के 1796 की घोषणा पत्र में सुनाई देती है "सभी

मनुष्य स्वतंत्र एवं समान पैदा हुए हैं और वे अपने अधिकारों के विषय में भी स्वतंत्र एवं समान होते हैं।''

लोकतंत्र की सफलता के लिए आवश्यक है कि उसके सभी नागरिकों को स्वतंत्रता एवं समानता के अधिकार बिना किसी भेदभाव; यथा- जन्म, जाति, स्थान, भाषा, लिंग, धर्म, पंथ, वर्ण, वर्ग के सभी को प्राप्त हो तथा उन मूलभूत अधिकारों की सुरक्षा की गारंटी राज्य एवं सरकार द्वारा प्राप्त हो। इस संदर्भ में मीडिया की भूमिका महत्वपूर्ण हो जाती है, नागरिकों के मूलभूत अधिकारों की सुरक्षा-प्रहरी के रूप में, एक स्वतंत्र और निष्पक्ष मीडिया नागरिक अधिकारों का सबसे बड़ा संरक्षक होता है। किसी व्यक्ति, राज्य या अन्य संस्थाओं द्वारा नागरिक अधिकारों के अतिक्रमण करने पर उसके खिलाफ आवाज उठाने, लोगों को वैसे कदमों के प्रति जागृत करने एवं उसके खिलाफ एकजुट करने में मीडिया का महत्वपूर्ण योगदान होता है।

जस्टिस जी.एन.रे ने पत्रकारिता एवं मीडिया की भूमिका को इंगित करते हुए कहा है कि पत्रकारिता का मूल उद्देश्य लोगों तक समाचार, विचार, टिप्पणियां और लोक महत्व की सूचनाएं पहुंचाना है और यह काम ईमानदारी से... किया जाना चाहिए।''[1]

लोकतंत्र की सफलता में स्वतंत्र एवं निष्पक्ष मीडिया का महत्वपूर्ण योगदान होता है। वर्तमान में मीडिया की भूमिका का दिन-प्रतिदिन विस्तार होते जा रहा है, जो कई रूपों में प्रकट होता है। मीडिया लोकतांत्रिक मूल्यों का सर्वाधिक जागरूक सुरक्षा-प्रहरी है। वह कुछ मामलों में लोकतांत्रिक मूल्यों का प्रमुख संरक्षक भी है। वह लोकतांत्रिक मूल्यों के विरूद्ध उठने वाले कदमों, प्रयासों के खिलाफ आंदोलनकर्त्ता भी है; आंदोलन का प्रचारक-प्रसारक भी है; संगठनकर्त्ता भी है। अव्वल तो वह शासन तंत्र के प्रमुख अंगों- कार्यपालिका, व्यवस्थापिका एवं न्यायपालिका और जनता के बीच सबसे बड़ा मीडिएटर है। वह जनभावनाओं को एवं जन सरोकार से

जुड़े मुद्दों को उन तक पहुंचाने का माध्यम है तो उनके द्वारा उठाए गए कदमों से जनता को अवगत कराता है।

चुनाव लोकतंत्र का प्रमुख आधार है। स्वतंत्र एवं निष्पक्ष चुनाव में मीडिया की महत्वपूर्ण भूमिका होती है। वह चुनाव की निष्पक्षता को सुनिश्चित करने में महत्वपूर्ण योगदान दे सकता है।[2] चुनाव में मुद्दों को प्राथमिकता प्रदान करने में भी मीडिया की महत्वपूर्ण भूमिका होती है। मीडिया में राजनीतिक पार्टियों को जनहित के मुद्दों को प्रधानता देने के लिए मजबूर करने की क्षमता है।[3]

वर्तमान में चुनाव क्षेत्र बड़ा होने के कारण किसी भी उम्मीदवार के लिए अधिकांश लोगों तक अपनी पहुंच बनाना आसान नहीं है। ऐसे में मीडिया एक माध्यम का काम करता है, जो उम्मीदवार को जनता से जोड़ता है तथा जिसके जरिए उम्मीदवार अपनी बात जनता तक पहुंचा सकते हैं।

मीडिया राजनीतिक दलों एवं उनके उम्मीदवारों द्वारा किये जानेवाले अलोकतांत्रिक कदमों एवं प्रयासों को जनता के समक्ष उजागर कर सकता है, ताकि लोग उनके कुत्सित प्रयासों को जानकर उनका प्रतिरोध कर सकें।

भाई-भतीजावाद एवं भ्रष्टाचार भारत की सबसे बड़ी समस्याएं हैं; जो कि भारतीय लोकतंत्र को अंदर से खोखला कर रही हैं। उनके प्रति लोगों को जागरूक करने में तथा सरकार के विभिन्न विभागों में व्याप्त उन समस्याओं को उजागर करने में मीडिया की महत्वपूर्ण भूमिका हो सकती है।

समाज में व्याप्त विभिन्न वर्गों के बीच आपसी हितों के टकराव लोकतंत्र के लिए उचित नहीं हैं। वैसे मुद्दों को उजागर करने एवं उससे लोगों को परिचित कराने में भी मीडिया का महत्वपूर्ण योगदान हो सकता है।

किसी भी राज्य एवं समाज के विकास में जनसंघर्षों का महत्वपूर्ण योगदान होता है। उन जनसंघर्षों को प्रोत्साहित करने एवं उनका प्रचार-प्रसार करने में मीडिया की भूमिका महत्वपूर्ण होती है। जनसंघर्षों को वैचारिक आयाम देने एवं उसे नैतिक आधार प्रदान करने में भी मीडिया की महत्वपूर्ण भूमिका होती है। सू करी जानसेन ने कहा है कि मीडिया एक्सपोजर, सभी सफल सामाजिक आंदोलनों का अनिवार्य घटक है।[4]

जनसरोकार से जुड़े मुद्दों को उठाने, उसके प्रति लोगों को जागरूक एवं संगठित करने में भी मीडिया की भूमिका महत्वपूर्ण होती है। जनहित के मुद्दों के प्रति लोगों को आंदोलित करने एवं उनके प्रचालन-प्रसारण में भी मीडिया का योगदान महत्वपूर्ण होता है।

सरकार की जन विरोधी नीतियों की आलोचना करना एवं उसकी कमियों एवं उससे होने वाली कठिनाईयों एवं परेशानियों से जनता को परिचित कराना एवं उसके खिलाफ लोगों को प्रेरित, आंदोलित एवं संगठित करने में मीडिया का महत्वपूर्ण स्थान होता है।

भारत में लोकतांत्रिक प्रणाली का विकास उस रूप में नहीं हुआ है, जैसा कि पश्चिम के देशों में हुआ है। यथा- ब्रिटेन एवं फ्रांस आदि देशों में हुआ है। इसलिए भारत में सामाजिक एवं नागरिक संगठन का विकास वैसा नहीं हुआ है, जैसा कि लोकतंत्र की सफलता के लिए आवश्यक है। खासकर भारतीय समाज प्राचीन काल से जाति व्यवस्था से पीड़ित रहा है, जो कि स्वतंत्रता एवं समानता जैसे मानवीय मूल्यों के बिल्कुल विपरीत है।

इसी प्रकार संप्रदायवाद एवं धार्मिक कट्टरता की समस्या अभी भी विद्यमान है। क्षेत्रीय अस्मिताओं के टकराव की समस्या भी भारतीय लोकतंत्र के लिए एक चुनौती है। इसी से जुड़ी है, अलगाववाद की समस्या। उन समस्याओं के प्रति लोगों को जागरूक करने एवं उसकी कमियों को तथा उससे होने वाली समस्याओं से लोगों को परिचित

कराने में मीडिया की भूमिका बहुत उपयोगी है। उसी के द्वारा ही यह संभव है।

समाज के कमजोर वर्गों, आदिवासियों, पिछड़ों, दलितों, महिलाओं एवं अल्पसंख्यकों की समस्याओं को उजागर करने एवं उनकी परेशानियों को जनता एवं सरकार के समक्ष लाने में भी मीडिया की महत्वपूर्ण भूमिका होती है। उनके हित के लिए जारी सरकारी नीतियों की कमियों को उजागर करने में एवं उन नीतियों के कार्यान्वयन में सरकारी संस्थाओं की भूमिका का निरीक्षण-परीक्षण कर उनकी कमियों को आम जनमानस में लाने में भी मीडिया का महत्वपूर्ण योगदान होता है।

आधुनिक लोकतंत्र का मूल आधार कल्याणकारी राज्य की अवधारणा है। सरकार का मूल कर्तव्य है कि अपने नागरिकों के जीवन स्तर में सुधार के लिए कल्याणकारी योजनाओं का क्रियान्वयन करे। सरकार द्वारा जनकल्याण के उद्देश्य से जारी योजनाओं से लोगों को परिचित कराने एवं उसकी खामियों को उजागर करने में भी मीडिया का महत्वपूर्ण स्थान है।

सामाजिक न्याय के मुद्दों को उठाने एवं उसके प्रति लोगों को जागृत करने एवं प्रेरित-प्रोत्साहित करने में भी मीडिया की भूमिका महत्वपूर्ण है। सामाजिक न्याय के मुद्दों के प्रति सरकारी रवैयों एवं उसकी नीतियों की समीक्षा करने एवं उसकी कमियों को उजागर करने में भी मीडिया का महत्वपूर्ण स्थान है।

लोगों की सामाजिक, आर्थिक, राजनीतिक आदि मुद्दों पर सूचनाओं के द्वारा उनकी भागीदारी बढ़ाने में भी मीडिया की भूमिका का महत्व है।[5]

मीडिया नागरिक जागरूकता का सबसे बड़ा मंच है। मीडिया के संबंध में यह सच ही कहा गया है कि "नागरिकों की सतत्

जागरूकता मुख्यरूप से मीडिया द्वारा प्रेरित होती है और मीडिया में ही प्रतिबिम्बित होती है।''[6]

जनमत के निर्माण में भी मीडिया की भूमिका महत्वपूर्ण हो गई है। आज मीडिया न केवल जनमत का निर्माण कर सकता है। वह जनमत को बदल सकता है। वह लोगों के सोचने का एजेंडा भी तय कर सकता है।[7]

आज मीडिया की ताकत की कोई भी अवहेलना नहीं कर सकता। जस्टिस जी.एन.रे ने मीडिया की इस बढ़ी हुई भूमिका की ओर इंगित करते हुए कहा है कि ''मीडिया अब चौथा स्तंभ बनकर संतुष्ट नहीं है, उसकी ताकत ऐसी है कि किसी व्यक्ति, संस्थान या विचार को बना या बिगाड़ सकती है।''[8]

इन्टरनेट सुविधाओं के विस्तार से संचार के नये संसाधनों का विकास हुआ है, जिसने पारंपरिक मीडिया के एकाधिकार को तोड़कर जन संपर्कों के नये द्वार खोल दिए हैं। नए सोशल माध्यमों फेसबुक, ट्विटर, इंस्टाग्राम आदि के विस्तार ने जहां विचारों की अभिव्यक्ति का अवसर प्रदान किया है, वही सूचनाओं की गोपनीयता को तोड़ने में भी कारगर सिद्ध हुआ है। नीरा राडिया टेप कांड का उद्भेदन सोशल मीडिया के कारण ही संभव हो पाया। ऐसे अनेकों उदाहरण दिए जा सकते हैं; जिसमें सोशल मीडिया ने महत्वपूर्ण भूमिका अदा की है। हालांकि कुछ निहित स्वार्थियों के द्वारा उसका इस्तेमाल प्रोपगैंडा फैलाने या अपनी कुत्सित विचारधारा को फैलाने के प्रयासों ने इस माध्यम को दूषित कर दिया है।

वर्तमान में उदारीकरण, निजीकरण एवं भूमंडलीकरण के दौर में बाजारवाद ने सभी क्षेत्रों को प्रभावित किया है। इससे मीडिया भी अछूता नहीं रह गया है। पेड न्यूज एवं विज्ञापन आधारित खबरों ने मीडिया की भूमिका को प्रभावित किया है। उसने मीडिया की भूमिका

पर सवालिया निशान खड़ा कर दिया है। बहुराष्ट्रीय कंपनियों के द्वारा फैलायी जा रही विज्ञापन आधारित खबरों से लोगों के समक्ष उपभोक्तावादी एवं पूंजीवादी संस्कृति को मीडिया के माध्यम से लोगों के ऊपर थोपे जाने की समस्या विकराल रूप लेती जा रही है। इसे शहर से लेकर दूर-दराज के क्षेत्रों तक पहुंचाने की कोशिश की जा रही है, जो मानवीय एवं सांस्कृतिक मूल्यों को भी प्रभावित कर रही है।

औपनिवेशिक काल में मीडिया ने भारतीय समाज में जागरूकता फैलाने में बहुत महत्वपूर्ण योगदान दिया है। भारतीय पत्रकारों का भी उल्लेखनीय योगदान रहा है। संचार के साधनों के विस्तार से मीडिया की ताकत में और वृद्धि हुई है। किन्तु उदारीकरण के बाद खुले बाजारवाद ने भारतीय पत्रकारिता को बुरी तरह प्रभावित किया है। आज पत्रकारिता में सामाजिक एवं नैतिक दायित्व का सर्वत्र अभाव दृष्टिगोचर हो रहा है। प्रख्यात विद्वान सच्चिदानंद सिन्हा के शब्दों में 'वर्तमान भारतीय पत्रकारिता सामाजिक दायित्व से शून्य है।'[9]

पेड न्यूज के प्रचलन ने मीडिया की भूमिका बदल दी है। आज उसके लिए पाठक या दर्शक एक उत्पाद बन गये हैं, जिनका वह सौदा कर अधिकाधिक लाभ पाना चाहता है। "चुनावों में मीडिया, जनमत को प्रभावशाली शक्तियों और सत्ता के पक्ष में मोड़ने का काम करता है और इसके लिए वह पैसे भी वसूलता है। हाल के चुनावों में देखा गया कि अखबार और न्यूज चैनल प्रचार सुनिश्चित करने के बदले में रेट कार्ड लेकर उम्मीदवारों और पार्टियों के समक्ष पहुंच गए और उनसे खुलकर सौदे किए।"[10]

श्री प्रभात जोशी ने मीडिया में बाजारवाद के प्रभावों का विश्लेषण करते हुए माखनलाल चतुर्वेदी विश्वविद्यालय में आयोजित एक सेमिनार में कहा था कि मीडिया में बाजारवाद के प्रभावों को दो रूपों में देख सकते हैं- एक हमारी राजनीति पर और दूसरा राजनेताओं के

व्यवहार पर। उनके अनुसार "हमारी प्रत्येक राजनीतिक पार्टी ने एक बड़ी नेशनल कंपनी से समझौता किया है।"[11]

वैश्वीकरण के कुप्रभावों से मीडिया भी अछूता नहीं रह गया है। वैश्वीकरण की विकृतियां उसमें भी घर कर गई हैं, जो मीडिया के आदर्शों को भी निगल रही हैं। वरिष्ठ पत्रकार नन्द किशोर त्रिखा ने मीडिया में वैश्वीकरण के प्रभावों की चर्चा करते हुए कहा है कि मीडिया के क्षेत्र में जो वैश्वीकरण हो रहा है, वह पत्रकारिता के आदर्शों को ध्वस्त कर रहा है।[12]

स्वतंत्र और निष्पक्ष सूचनाओं का प्रसारण मीडिया का प्रमुख कार्य हैं। पेड न्यूज के आविर्भाव ने मीडिया के द्वारा प्रसारित सूचनाओं की विश्वसनीयता को संदिग्ध बना दिया है। गलत एवं झूठी सूचनाओं के प्रसारण से लोगों की विचार प्रक्रिया दूषित होती है। उससे लोकतंत्र की कार्यप्रणाली पर विपरीत प्रभाव पड़ता है। उसकी काम करने की क्षमता भी प्रभावित होती है और उसका सही तरीके से काम करना मुश्किल हो जाता है।[13]

बाजारवाद के प्रभावों के कारण समाज के कमजोर वर्गों, ग्रामीणों, दलितों, आदिवासियों, पिछड़ों एवं पसमांदा अल्पसंख्यकों की समस्याएं, उनके मुद्दे भारतीय मीडिया से लगभग गायब हैं।[14] इसका कारण उनकी अपेक्षाकृत कमजोर आर्थिक स्थिति ही है।[15]

बाजारवाद ने मीडिया में मूल्यों को भी प्रभावित किया है। प्रभाष जोशी के विचार में यह बाजारवाद का स्वाभाविक परिणाम है। उनके अनुसार बाजार कहीं भी दुनिया में मूल्यों को आगे नहीं बढ़ाता।[16]

मीडिया में बड़े कारपोरेट घरानों के प्रभाव के कारण उसमें सुधार के प्रयास सफल होने की संभावना क्षीण होती जा रही है। मीडिया घरानों के प्रभाव का अंदाजा इसी से लगाया जा सकता है कि प्रेस परिषद् द्वारा पेड न्यूज के मामलों पर गठित वरिष्ठ पत्रकार

परंजॉय गुहा ठाकुरता और आर. के. श्रीनिवास रेड्डी की समिति की रिपोर्ट 'हाउ करप्शन इन द इंडियन मीडिया अंडरमाइंस डेमोक्रेसी' को बड़े घरानों के दबाव में सार्वजनिक नहीं किया गया। क्योंकि उनके खिलाफ पर्याप्त प्रमाण मिले थे, जिसका विवरण उस रिपोर्ट में था।

नीरा राडिया टेप कांड ने राजनेताओं, नौकरशाहों एवं मीडिया के गठजोड़ किस हद तक लोकतांत्रिक संस्थाओं पर हावी हो गए हैं, इसको स्पष्ट कर दिया है। किस खबर को प्रधानता देनी है और कितनी देनी है तथा किसकी अवहेलना करनी है–इसका निर्णय उसके गुण–दोष के आधार पर न होकर व्यवसायिक एवं अन्य मुद्दों के आध ार पर तय होता है। उससे यह भी पता चलता है कि मंत्रियों के चयन में खासकर आर्थिक मामलों के मंत्रालय में किसको रखा जाए, इसके निर्णय में बड़े कारपोरेट घरानों का बड़ा हाथ होता है।

मीडिया में कुछ मीडिया समूहों के एकाधिकार ने भी मीडिया में लोकतांत्रिक मूल्यों को प्रभावित किया है। बेन वैडिकियान ने मीडिया में एकाधिकार की समस्या पर प्रकाश डालते हुए कहा है कि आधुनिक लोकतंत्र में राजनीति और विचार के क्षेत्र में विविधता का होना आवश्यक है, जिससे लोग उनके मध्य चुनाव कर सकें। इसके लिए आवश्यक है कि लोगों को प्रतिस्पर्द्धी स्रोतों से सूचनाएं प्राप्त हों। परन्तु मीडिया में एकाधिकारवाद के कारण यह असंभव सा हो गया है।[17]

एक वरिष्ठ पत्रकार के अनुसार आज का मीडिया भी राजनेताओं के समान लोकतंत्र का एक खिलाड़ी बन गया है और राजनेताओं के साथ पैसा बनाने में जुट गया है।[18]

मीडिया में पूर्वोक्त कमियों के बावजूद मीडिया की अवहेलना कर लोकतंत्र की सफलता की कल्पना भी नहीं की जा सकती। मीडिया अपने लोकतंत्र के रक्षक, संवेदक, संदेशवाहक, प्रचारक–

प्रसारक के रूप में मजबूती प्रदान करता है। वह लोकतांत्रिक मूल्यों की स्थापना के लिए आंदोलन का संगठन एवं निर्देशन भी करता है। मीडिया की इन भूमिकाओं की जगह पर वर्तमान में कोई दूसरा विकल्प नहीं ही है।

संदर्भ ग्रंथ

1. दिलीप मंडल, मीडिया का अंडरवर्ल्ड, राधाकृष्ण प्रकाशन, नई दिल्ली, पृष्ठ 172, 2018
2. एडवर्ड एस. हरमन और नोमचोमस्की, मैन्युफैक्चरिंग कंसेन्ट, 1988
3. मैक कॉम्ब और शॉ, एजेंडा सेटिंग फंक्शन ऑफ मास मीडिया, पब्लिक ओपीनियन क्वार्टरली, 1972
4. सू करी जानसेन, मीडिया, डेमोक्रेसी, ह्यूमन राइट्स एन्ड सोशल जस्टिस, सं सू करी जानसेन, जेफर्सन पूले एन्ड लूरा टॉल पॉर्लिजपोर, मीडिया एन्ड सोशल जस्टिस, पालग्रेव मैकमिलन, पृष्ठ 6, 2011
5. दिलीप मंडल, मीडिया का अंडरवर्ल्ड, राधाकृष्ण प्रकाशन, नई दिल्ली, पृष्ठ 201, 2018
6. उपेन्द प्रसाद्र, सामाजिक न्याय और मीडिया, सं. प्रेमचंद पातंजलि, सामाजिक न्याय के पचास वर्ष, महात्मा ज्योतिराव फुले शोध संस्थान, नई दिल्ली, पृष्ठ 109, 1998
7. दिलीप मंडल, मीडिया का अंडरवर्ल्ड, राधाकृष्ण प्रकाशन, नई दिल्ली, पृष्ठ 32, 2018
8. वही, पृष्ठ 172
9. मोहनदास नेमिशराय, सामाजिक न्याय में पत्रकारिता का योगदान, सं. प्रेमचंद पातंजलि, सामाजिक न्याय के पचास वर्ष, महात्मा ज्योतिराव फुले शोध संस्थान, नई दिल्ली, पृष्ठ 128, 1998
10. दिलीप मंडल, चौथा खम्भा प्राइवेट लिमिटेड, राजकमल प्रकाशन, नई दिल्ली, पृष्ठ 66, 2016
11. प्रभाश जोशी, हिन्दी समाज और राष्ट्र राज्य, सं. रामशरण जोशी, मीडिया और बाजारवाद, राधाकृष्ण प्रकाशन, नई दिल्ली, पृष्ठ 26, 2002
12. नन्दकिशोर त्रिखा, विज्ञापन की संप्रभुता, सं. रामशरण जोशी, मीडिया और बाजारवाद, राधाकृष्ण प्रकाशन, नई दिल्ली, पृष्ठ 48, 2002
13. दिलीप मंडल, चौथा खम्भा प्राइवेट लिमिटेड, राजकमल प्रकाशन, नई दिल्ली, पृष्ठ 24, 2016।
14. वही, पृष्ठ 142
15. दिलीप मंडल, मीडिया का अंडरवर्ल्ड, राधाकृष्ण प्रकाशन, नई दिल्ली, पृष्ठ 109, 2018
16. प्रभाश जोशी, बाजारवाद से मुठभेड़ जरूरी, सं. रामशरण जोशी, मीडिया और बाजारवाद, राधाकृष्ण प्रकाशन, नई दिल्ली, पृष्ठ 122, 2002
17. टी.आर.ए.आई. का मीडिया स्वामित्व संबंधी विचार पत्र, पृष्ठ 2
18. दिलीप मंडल, मीडिया का अंडरवर्ल्ड, राधाकृष्ण प्रकाशन, नई दिल्ली, पृष्ठ 35, 2018
   10 11

8

समाज के विकास में मीडिया एवं लोकतंत्र की भूमिका

– सुमित कुमार

मीडिया किसी देश/राज्य/समाज में घटित घटनाओं को दृश्य एवं श्रव्य रूप में दर्शकों/श्रोताओं/पाठकों के सम्मुख प्रस्तुत करता है, जबकि लोकतंत्र से तात्पर्य किसी देश में चुनी गयी सरकार से है, जिसका चयन उस देश में निवास करने वाली जनता करती है। समाज के विकास में दोनों ही अपनी भूमिकाओं को अपने-अपने ढंग से निभाते हैं। जब पहली बार भारत में सन् 1951-52 में लोकतांत्रिक सरकार का गठन हुआ था तब इसका उद्देश्य था कि समाज में एकता और अखंडता बनाए रखने के लिए जाति, धर्म, लिंग, नस्ल आदि के आधार पर आपस में कोई भेदभाव नहीं रखा जाएगा, जैसा कि संविधान लिखे जाने से पूर्व हमारे देश में सर्वत्र व्याप्त था। किन्तु इस तरह के विचार सिर्फ संविधान के पन्नों में लिखकर ही रह गए, उनका व्यावहारिक जीवन में अनुपालन न के बराबर हो सका है। हालाँकि, बदलते युग में शहरों में, खास तौर पर दिल्ली, मुंबई, चेन्नई आदि जगहों पर तो समानता का यह भाव थोड़ा-बहुत जरूर लक्षित हो जाता है किन्तु सुदूर ग्राम समाज में आज भी इस तरह की

कुरीतियाँ सभी जगह लक्षित हो जाती हैं। मीडिया के द्वारा हम समाज के यथार्थ से रु-ब-रु जरूर हो जाते हैं लेकिन कई बार यही मीडिया अवसरवादी नजर आती है और सत्ता के संग हाथ मिलाकर समाचार चैनलों या फिर अखबार में इस तरह की खबरों को प्रेषित करती है जिसका वास्तविक जीवन से कोई लेना-देना नहीं होता है, ठीक हिंदी फिल्मों की शुरुआत में दिए गए शब्दों की तरह।

भारत एक लोकतांत्रिक गणराज्य है जहाँ की जनता ही वहां की सरकार का चयन करती है लेकिन वह किसका चयन करती है? क्यूँ करती है? इस सवाल का उत्तर आज की तारीख में बहुत प्रासंगिक बन पड़ता है। हमारे देश का अधिकांश गाँवों में निवास करता है और इनमें से अधिकतर ऐसी जनता है जिनको यह भी मालूम नहीं होता है कि हम अपना मत किसे दे रहे हैं? कारण, अधिकतर को तो यह पता ही नहीं होता है कि चुनाव लोकसभा का है या फिर विधानसभा का; तो वह कैसे तय करे कि हम मुख्यमंत्री बनाने जा रहे हैं या फिर प्रधानमंत्री? इसका जीता-जागता उदाहरण हमें सोशल मीडिया के द्वारा मिल जाता है, जब हम देखते हैं कि प्राथमिक, माध्यमिक और उच्च विद्यालयों में पढ़ा रहे शिक्षक, देश के राष्ट्रपति का नाम पूछे जाने पर कभी अपने राज्य के मुख्यमंत्री का नाम बता रहे होते हैं तो कभी कैबिनेट के किसी ऐसे मंत्री का नाम बोल जाते हैं जिसका नाम कभी-कभार उनके कानों से होकर गुजरा होता है। ज्यादा दूर जाने की आवश्यकता नहीं है; आप दिल्ली विश्वविद्यालय के महाविद्यालयों में पढ़ रहे अधिकतर छात्रों से कभी-कभार पूछ लिया कीजिए कि कैबिनेट के कम-से-कम दस मंत्रियों के नाम गिना दें, विश्वासपूर्वक मैं कह सकता हूँ कि अधिकांश को यह जानकारी नहीं होगी कि कैबिनेट कहते किसे हैं? ऐसी जनता से हमारे 'लोकतंत्र' का निर्माण होता है, जो इस देश के सुदूर क्षेत्रों में निवास कर रहे गरीब-बेबसों की जिंदगी की ओर एक बार झांकते तक नहीं। स्वयं वातानुकूलित

रेस्तरां में बैठकर साढ़े सात हजार रुपये की थाली एक बार में समाप्त कर जाते हैं जबकि गरीबों के लिए शहर में 32 रुपये और गाँव में एक दिन का खर्च 28 रुपये तय कर देते हैं।

भारत जैसे मुल्क में लोकतंत्र के नाम पर दिन-प्रतिदिन एक ऐसे संवेदनहीन तंत्र का निर्माण होता जा रहा है जो आने वाले दिनों में कार्ल मार्क्स के उस विचार की ओर ले जाता प्रतीत होता है; जिसमें उन्होंने कहा था कि पूंजीवादी व्यवस्था के अंतर्गत अमीर और अधिक अमीर होते जायेंगे जबकि गरीब और अधिक गरीब। इसकी नींव तो वर्षों पहले पड़ चुकी है अब उसी नींव पर अति द्रुत गति से सख्त दीवार तैयार होती जा रही है। सही अर्थों में कहें तो संवेदनशीलता की जगह संवेदनहीनता और मानवता की जगह क्रूरता इन राक्षसों पर हावी होती जा रही है। यहाँ मैंने जानबूझकर 'राक्षस' शब्द का प्रयोग किया है; क्योंकि, जनता अपनी रक्षा हेतु इनका चयन करती है और मेढ़क समान जनता के ये तथाकथित रक्षक तक्षक समान भक्षक बन जाते हैं। पहले राक्षस, रक्षक हुआ करता था और मंत्रीपद से विभूषित किया जाता था; बाद में चलकर उसी मंत्री ने अपने राजा को धोखा देना शुरू किया, जिस कारण कालांतर में राक्षस नकारात्मक व्यक्तित्व का सूचक बन पड़ा, जो आज तक बना हुआ है।

सत्ता में बैठे मंत्रीगण जनता को तरह-तरह के प्रलोभन दिया करते हैं। ये प्रलोभन ऐसे होते हैं जो शिक्षित-अशिक्षित जनता के अधिकांश भाग की भावनाओं से जुड़े होते हैं ताकि सत्ता में बैठे इन दानवों का कोई विरोध न कर सके। मैंने फिर से जानबूझकर इन सत्ताधारियों के लिए 'दानव' शब्द का प्रयोग किया है; कारण, सदियों पहले 'दानव' दानवीरों के लिए प्रयोग में लाया जाता था जो आगे चलकर दानवीरों की प्रवृत्ति में परिवर्तन के उपरान्त नकारात्मक बन पड़ा और आज तक इसी अर्थ में विचारणीय बन पड़ता है। आज के ये तक्षक नेता इसी तरह के मुखौटे, दानवीर दानव हैं जो किसानों, दलितों, स्त्रियों,

और आदिवासियों से न जाने कितने झूठे वादे करते हैं। किसी गरीब का संवैधानिक हक कितनी आसानी से किसी अमीर को सौंप देते हैं (जो इनके पिछलग्गू होते हैं) इसका अंदाजा नहीं लगाया जा सकता है। कहीं जाति, कहीं धर्म, कहीं विचारधारा तो कहीं ईश्वरीय आस्था के नाम पर किस प्रकार से भोली-भाली जनता को लूटते हैं, इसको शब्दों में बयाँ कर पाना संभव नहीं लगता।

"संसद में जिन बातों और विषयों पर चर्चा होती है, वह वास्तव में जनता की होती है और होनी भी चाहिए। यह कानून बनाने की संस्था है। यही कार्यपालिका को वैधता प्रदान करती है। वास्तव में संसद दिनचर्या की भी एक संस्था है जहाँ पर रोजमर्रा से जुड़े प्रश्न उठाये जाते हैं। चुने हुए प्रतिनिधि जनता की समस्याओं पर विचार ही नहीं करते, बल्कि उनका हल भी ढूँढते हैं । संसद का मतलब निष्पक्ष सवालय संस्थान है अर्थात् संसद वह कक्ष है, जहाँ पर जनता, राष्ट्र, समाज और लोकहित से संबंधित मसलों पर बहस होती है। एक तरह से कहा जा सकता है कि संसद देश की प्रतिनिधिक, वार्तालाप और लोकहित सवालय संस्थान है ।"[1]

दरअसल ये जितनी बातें इस कथन में कही गयीं हैं वह एक तरीके का व्यंग्य हैं जो लेखक ने अपने लेख का आरम्भ करते हुए, लिखा है। कोई भी नेता संसद में पहुँचने से पूर्व किन-किन पद्धतियों का सहारा लेता है इसका प्रमाण भी सी. के. जैन के लेख से मिल जाता है- "हमारे यहाँ एक (पड़ोसी) नेता थे। चुनाव के एक माह पहले वे सारे रिक्शेवालो को एक अद्धा (शराब) देते थे ताकि उन्हें उन लोगों का वोट मिले। अब ऐसी ही परंपरा का विकास हो रहा है? ऐसे सांसदों से देश की परंपरा का विकास हो रहा है? ऐसे सांसदों से देश कहाँ जाएगा इसका अंदाजा लगाया जा सकता है?"[2] समाज के विकास में ये नेतागण कितनी भागीदारिता निभाते हैं, यह कथन इसी ओर इंगित कर रहा है।

सी. के. जैन ने अपने लेख में पूर्व प्रधानमंत्री के एक कथन का जिक्र करते हुए, लिखा है कि– "राजीव गांधी यह कहा करते थे कि रुपये में 15 पैसा ही गाँव में पहुँच पाता है। 1984 में यह प्रमुख स्लोगन था, परन्तु आज तक यह कोशिश नहीं हुई कि 15 पैसों को कम–से–कम 25 पैसों में तब्दील किया जाए? यह तस्वीर क्या दर्शाती है?"[3] यह तो हुई भारत की राजनीतिक व्यवस्था जो वर्तमान में दुनिया का सबसे बड़ा लोकतांत्रिक देश है। जिस देश में किसी खास धर्म, जाति, विचारधारा और समुदाय के नाम पर राष्ट्रीयता की बात की जाती हो, उसका कितना विकास संभव है यह तो समय ही बतायेगा और बता रहा है। वर्तमान भारत जिसे पंथनिरपेक्ष राष्ट्र की संज्ञा दी जाती है, एकता में विविधता को समेटे हुए कहा जाता है, वह कितना सही और कितना गलत है इसका खुलासा करना ही मीडिया का कार्य है। किन्तु अधिकतर यह मीडिया बिकाऊ नजर आती है और सत्ता के अनुरूप अपने को ढालते हुए, सही को गलत और गलत को सही रूप में प्रकट करती है।

हमारे देश के संसद में यदि सत्ता पक्ष का कोई सांसद स्पीकर से बदतमीजी करता है और संसद की गरिमा को नहीं बनाए रखता है तो उसकी पार्टी के अधिकतर सांसद उसका समर्थन करते हैं, जबकि ब्रिटेन में ऐसा बिल्कुल नहीं है; कारण, उनके अधिकाँश सांसद शिक्षित हैं और इस तरह की जात–पात, धर्म, विचारधारा, और अपनी पार्टी वाली तुच्छ भावनाओं से विमुक्त हैं। ब्रिटेन के एक सांसद स्मिथ के कथनों को सी. के. जैन ने उद्धृत किया है कि 'एक सदन की अवमानना एक गंभीर घटना है। साथ ही स्पीकर का अपमान शर्मनाक है। सदन की वह गरिमा है। यदि व्यक्ति सदन के साथ खिलवाड़ करेगा तो उसे निलंबित होना ही चाहिए।'[4] यह कथन इस कारण उचित बन पड़ा है क्योंकि स्मिथ ने अपनी ही पार्टी के सदस्य द्वारा संसद में अनुचित व्यवहार किये जाने पर उसके खिलाफ हाथ खड़ा

किया है। हमारे देश में सामान्यतः कोई नेता एक बार यदि मंत्रालय में प्रवेश कर जाता है तो आगे उसकी आने वाली कई पीढियां सत्ता को अपना व्यवसाय समझ लेती हैं।

मीडिया को लोकतंत्र के तीन स्तंभों विधायिका, कार्यपालिका एवं न्यायपालिका से इतर चौथे स्तम्भ के रूप में देखा जाता है लेकिन ऐसा नहीं है क्योंकि वह अन्य तीनों की तरह स्वायत्त नहीं है, उसके पास अपना अधिकार नहीं है और न्यायपालिका की तरह अपने कर्तव्यों के निर्वहन हेतु जांच-पड़ताल का अधिकार भी नहीं है। मीडिया को अन्य नागरिकों की सूचना का अधिकार हासिल है जिसके द्वारा वह तथ्यों को एकत्रित कर दर्शकों और समाज के बीच ला खड़ा करती है। इसमें कोई दो राय नहीं कि लोकतांत्रिक सरकार की तुलना में मीडिया समाज के अत्यधिक करीब नजर आती है। इसका सबसे बड़ा कारण है उसका व्यापक विस्तार, जिसमें कि न केवल दूरदर्शन या आकाशवाणी के माध्यम से वह लोगों से जुड़ पाती है अपितु अखबार, पत्र-पत्रिकाएँ और आजकल तो पत्रकारों ने घर-घर जाकर समाज के यथार्थ को उकेरना शुरू कर दिया है; जोकि, ऐसे पत्रकारों की संख्या कम ही दिखाई देती है।

मीडिया का केवल नकारात्मक पक्ष ही नहीं है बल्कि उसके सकारात्मक पक्ष भी हैं। वैश्वीकरण के इस बदलते सांस्कृतिक युग में मीडिया ने सम्पूर्ण विश्वजगत को एक धागे में बाँधने का कार्य किया है। मीडिया के इलेक्ट्रॉनिक प्रारूपों-लैपटॉप, मोबाइल, इन्टरनेट, ईमेल, फेसबुक, ट्यूटर आदि के माध्यम से आज सारा विश्व एकमय हो चुका है। वास्तव में जैसा कि मीडिया के विषय में कहा जाता है कि उसका मूल प्रयोजन ही लोगों को शिक्षित करना है तो इसमें कोई शक की बात नहीं है। ऐसा है, इसी कारण आज जिसे लिखने पढ़ने का ज्ञान नहीं भी है वह मोबाइल का प्रयोग कर आसानी से घर से दूर बैठे अपने रिश्तेदारों से संपर्क कर लेता है और दूरदर्शन

के माध्यम से घर बैठे संसार-जगत की खबरें जान लेता है। सही अर्थों में 21वीं सदी के इस संक्रमणकालीन युग में मीडिया ने धूम मचा कर रख दी है। मीडिया ने न केवल समाचार बल्कि खेलकूद, मनोरंजनपरक धारावाहिकों, सच्ची घटना पर आधारित वेब सीरीजों और ज्ञान-विज्ञान, ऐतिहासिक-पौराणिक फिल्मों के द्वारा भी लोगों को शिक्षित करने का सार्थक प्रयास किया है।

जिस प्रकार मीडिया के सकारात्मक पक्ष लोगों के हित में रहे हैं उसी प्रकार कोई भी सत्ता जो लोगों द्वारा चुनकर आई है, ने समाज के हित में भी कार्य किया है। जैसे, गरीबों के लिए प्रधानमंत्री आवास योजना, जन-धन योजना, सुकन्या समृद्धि योजना आदि। राज्य में राज्य सरकारों द्वारा जबकि केंद्र में केंद्र सरकार द्वारा शिक्षा और स्वास्थ्य को लेकर अब तक अनेक योजनाओं का गठन किया जा चुका है जो समाज के हित में है।

कुल मिलाकर कहा जाए तो समाज के विकास और उत्थान में मीडिया और लोकतंत्र की अहम भूमिका परिलक्षित होती है। मीडिया और लोकतांत्रिक सरकार ने कई जगहों पर मिलकर सामाजिक उत्थान को प्रश्रय दिया है जो वाकई में इस बात की ओर इंगित करता है कि भले ही अनेक बुराइयाँ और कुरीतियाँ हमारे देश में व्याप्त हों फिर भी हमारा राष्ट्र, एकता में विविधता के गुण को समाहित किये हुए है।

सन्दर्भ ग्रंथ

1. मीडिया और संवाद : सं.- विक्रम, एस.; 'संसद पर निर्भर लोकतंत्र': जैन, सी. के., श्री नटराज प्रकाशन, दिल्ली - 110053, प्रथम संस्करण- 2008, पृष्ट संख्या - 104
2. वही, पृष्ठ संख्या - 106
3. वही, पृष्ठ संख्या - 106
4. वही, पृष्ठ संख्या - 107

9

भारतीय लोकतांत्रिक परिप्रेक्ष्य में मीडिया की भूमिका

– डॉ. विरेन्द्र यादव

18वीं शताब्दी में अमेरिका तथा फ्रांस में आजादी के लिए क्रांति हुई। जिसका उद्देश्य यह था कि राजतंत्रीय शासन प्रणाली से जनता को स्वतंत्र कराना तथा लोकतांत्रिक शासन प्रणाली का निर्माण करना। इस लिए 1776 ई. में अमेरिकी क्रांति तथा 1789 ई. में फ्रांसीसी क्रांति हुई। उसके पश्चात् वहाँ के लोगों को आजादी मिली। यही स्थिति पूरी दुनिया की थी। औपनिवेशिक शासन अधिकतर देशों में था, इसलिए भारत में लोकतांत्रिक व्यवस्था को लाने के लिए हमारे स्वतंत्रता सेनानियों ने अपने प्राणों को न्यौछावर किया, क्योंकि हमारे देश में अंग्रेजी शासन प्रणाली हावी थी। इसलिए उससे आजादी पाना हमारा परम् लक्ष्य था। जिसके परिणामस्वरूप अपने देश में लोकतंत्र को लाने के लिए निरंतर संघर्ष करना पड़ा। हमें आजादी 15 अगस्त, 1947 ई. को प्राप्त हुई।

अब प्रश्न यह उठता है कि हमारे देश में लोकतंत्र को स्थापित करने में कठिनाई हुई ? उत्तर होगा कठिनाई हुई। एक स्वस्थ लोकतंत्र की स्थापना के लिए हमारे संविधान के नीति-निर्माताओं

ने विभिन्न देशों के संविधान का अध्ययन करके, एक नए संविधान की रचना की। जिससे देश का शासन तथा प्रशासन स्वतंत्र रूप से चल सके। प्रभाष जोशी के अनुसार, "आखिर दुनिया में कोई देश ऐसा नहीं है, जिसके कि सबसे बड़े नेता उस देश के संपादक भी रहे हों। महात्मा गाँधी ऐसे ही मनुष्यता के सबसे बड़े नेता थे जिन्होंने अपना तीन-चौथाई जीवन अखबार निकालकर, संपादकीय लिखकर बिताया।"[1] अव्वल तो यह कि पत्रकारिता, खासकर भारतीय पत्रकारिता, का वास्तविक जन्म हिन्दुस्तान के इतिहास में उस वक्त हुआ जब पुनर्जागरण प्रारम्भ होने वाला था।[2]

यही कारण है कि भारत विश्व का सबसे बड़ा लोकतंत्र है। यहाँ की लोकतांत्रिक परम्परा बहुत ही अच्छी है, परन्तु कई बार इस देश में लोकतंत्र को समाप्त करने की कोशिश सरकारों द्वारा की गई है। फिर भी, लोकतंत्र समाप्त नहीं हुआ। इस का सबसे बड़ा कारण है- मीडिया। भारत के प्रथम प्रधानमंत्री जवाहरलाल नेहरू के अनुसार, "प्रेस आधुनिक जीवन का एक महत्वपूर्ण अंग है, विशेषकर एक लोकतंत्र में। प्रेस के पास अद्भुत शक्तियाँ और दायित्व है। प्रेस का सम्मान किया जाना चाहिए।"[3]

मीडिया, विधायिका, कार्यपालिका तथा न्यायपालिका के बाद चौथे स्तम्भ के रूप में कार्य करती है। इसलिए इसकी भूमिका महत्वपूर्ण रही है। प्रिंट मीडिया तथा इलेक्ट्रॉनिक मीडिया जनता तथा सरकार के बीच संवाद कायम करने के लिए तथा विभिन्न प्रकार की सूचनाओं को जनता तक पहुँचाने में निरंतर प्रयत्नशील है। 1975 ई. में इन्दिरा गाँधी ने पूरे देश में लगभग 18 महीनों तक आपातकाल की घोषणा की थी। उस समय भारत में प्रेस की स्वतंत्रता लगभग समाप्त कर दी गई थी।

यह हमारे देश में पिछले 72 वर्षों के दौरान लोकतंत्र के खतरे के रूप में पहली घटना थी। जिसके कारण विपक्षी पार्टी के नेताओं को

जेल में डाल दिया गया था। हालाँकि 18 महीने बाद देश में लोकतंत्र की पुनः बहाली हुई और मीडिया ने भी अपना कार्य करना आरम्भ कर दिया। इसलिए लोकतंत्र को बचाकर रखने में मीडिया की बहुत महत्वपूर्ण भूमिका होती है कि वह जनता तक सूचनाओं को निष्पक्ष रूप से पहुँचाये। खबरों के लगातार होते जा रहे इस व्यवसायीकरण के मद्देनजर वरिष्ठ पत्रकार मृणाल पांडे की यह टिप्पणी बहुत हद तक सटीक लगती है जिसमें उन्होंने कहा था कि 'हिन्दी मीडिया में मैनेजर संपादक बन गए हैं और अंग्रेजी मीडिया में संपादक सीईओ। सच है अगर मीडिया जगत में नजर दौड़ायी जाए तो यही हो रहा है। आलम यह है कि पत्रकारों को खुद को सीईओ कहलवाने में तनिक भी शर्म महसूस नहीं हो रही है। उन्हें तो मोटी तनख्वाहें नजर आ रही हैं। मालिकों को अपना मुनाफा 'दिन दूना रात चौगुना' बढ़ता दिखाई दे रहा है। अखबारों के 'बहुसंस्करण' निकाले जा रहे हैं इस गरज से नहीं कि स्थानीय स्तर की खबरों को पकड़ा जाए, बल्कि क्षेत्रीय स्तर पर फैले व्यापक बाजार का दोहन किया जाए और विज्ञापन के माध्यम से अपनी कमाई बढ़ाई जाए।' मुनाफा कमाने के लिए हर तरह के व्यापारिक हथकंडे अपनाने की मानसिकता की ओर इशारा करते हुए, जाने-माने पत्रकार कुलदीप नैयर का कहना है- 'मीडिया नेटवर्क का स्वामित्व ज्यादा से ज्यादा कॉरपोरेट घरानों के नियंत्रण में आने के साथ ही प्रिंट और इलेक्ट्रॉनिक मीडिया विशुद्ध मुनाफा कमाने वाले धंधे बन गए हैं जिसके चलते खबरों को बिकाऊ औद्योगिक माल की तरह बेचा जा रहा है।'

हालाँकि आज वैश्वीकरण के दौर में मीडिया के ऊपर बाजार हावी होता जा रहा है। कई बार मीडिया विभिन्न व्यापारिक घरानों के प्रभाव में आ जाता है। जिसके कारण वह उनके उत्पाद का प्रचार-प्रसार अधिक-से-अधिक करती है। इसलिए कई बार समाचार की निष्पक्षता नहीं रह जाती। इसलिए, आज के लोकतांत्रिकरण में मीडिया के लिए बहुत बड़ी चुनौती है कि वह सूचनाओं को निष्पक्ष

रूप से जनता तक पहुँचाए, क्योंकि चुनाव में, विशेषकर मीडिया पर नेताओं का बहुत दबाव रहता है कि वह उनके पक्ष में प्रचार-प्रसार करे।

बहुत से मीडिया चैनल इसके दबाव में आ भी जाते हैं, इसलिए आज के परिप्रेक्ष्य में, इलेक्ट्रॉनिक मीडिया तथा प्रिंट मीडिया के ऊपर नकारात्मक और सकारात्मक प्रभाव पड़ रहा है। 'इलेक्ट्रॉनिक मीडिया से ऐसी अपेक्षा की गई थी कि वह एक साथ मनोरंजन, चेतना, सूचना और शिक्षा के बेशुमार विकल्पों की दुनिया लेकर उपस्थित होगा, किन्तु जिस मीडिया को भारतीय समाज जी रहा है, वह शायद एक ही विकल्प लेकर उपस्थित है-हिंसा, सेक्स और क्षणिक उत्तेजना से उत्पन्न मनोरंजन। दरअसल मीडिया से जब हमने इतनी अपेक्षाएं की थीं, शायद हम भूल गए थे कि इस राजा की जान उस तोते में बसी है जिसका नाम है-'बाजार'।

वर्तमान युग में भारतीय मीडिया ने अखबार तथा रेडियो के दिनों से लेकर टेलीविजन और सोशल मीडिया तक का एक लम्बा सफर तय किया है। 1990 के दशक में उदारीकरण आने के पश्चात् मीडिया हाउस पर निवेश का अत्यधिक असर पड़ा, क्योंकि कॉरपोरेट के बड़े घरानों, व्यापार जगत, राजनीतिक अभिजात्य वर्ग और उद्योगपतियों ने अपनी ब्रांड छवि को बेहतर बनाने के लिए एक सुविधा के रूप में प्रयोग किया है। इस समय समाचार पत्रों तथा चैनलों में टीआरपी अधिक बढ़ाने के लिए आपसी प्रतिद्वंदिता बढ़ गई। समाचारों का उद्देश्य जनता तक निष्पक्ष रूप से सूचनाओं को पहुँचाना था किन्तु, निष्पक्षता धीरे-धीरे समाप्त होने लगी। मीडिया की भूमिका समाज को उनके लोकतांत्रिक अधिकारों से अवगत कराने और लोकतंत्र के तीन संस्थानों से प्राप्त सूचना जनता तक प्रसारित करने के लिए है। जब सरकारी संस्थान भ्रष्ट तथा सत्तावादी हो जाते हैं, तब मीडिया लाखों नागरिकों के साथ मिलकर आवाज उठाने में सक्षम होती है। आज मीडिया विभिन्न राजनीतिक संगठनों और व्यापार समूहों के लिए

मुखपत्र बन गया है। वे इस तरह के प्रभावशाली आँकड़ों के लिए लिपिकार के रूप में कार्य करते हैं, क्योंकि उनका व्यवसाय ऐसे संगठनों के समर्थन पर निर्भर करता है। "मीडिया की ताकत का एक बड़ा अंदाजा इसी बात से लग जाता है कि 2008 के सितम्बर से मीडिया में जो कुछ भी हो रहा है उस पर इसने बलात् चुप्पी सधवाई हुई है। सितम्बर, 2008 में 3000 पत्रकारों को नौकरी से निकाल दिया गया है, इसमें पत्रकार, कैमरामैन, सहायक और अन्य कर्मी शामिल हैं और यह सब मुट्ठी भर मीडिया समूहों में हुआ।"

आज के समय में भारतीय मीडिया की विश्वसनीयता तेजी से घटती जा रही है। जिसके कारण विश्व दर्शकों द्वारा समय-समय पर देश की मीडिया की आलोचना की जा रही है। 'जॉन स्टुअर्ट मिल ने ऑन लिबर्टी में यह कहकर कि राजनेताओं द्वारा अपनी ताकत के सम्भावित दुरुपयोग, भ्रष्टाचार या निरंकुश प्रवृतियों के खिलाफ अभिव्यक्ति की स्वतंत्रता एक कारगर औजार है, लॉक के सिद्धांत को ही मजबूत किया।' 'आप इसे कला कहिए, विज्ञान की एक शाखा या प्रबंधन मगर राजनेताओं का काम जनता के विचारों को प्रभावित किए बगैर नहीं चलता और जिनका मीडिया पर नियंत्रण है, उन पर राजनेताओं का दबाव हमेशा रहेगा, चाहे उनकी विचारधारा कोई भी हो।'

आज के समय में मीडिया की नकारात्मक भूमिका के कारण हाल ही में विश्व प्रेस स्वतंत्रता सूचकांक से मिली जानकारी से हमें यह पता चलता है कि मीडिया ने देश को तीन पायदान नीचे खिसका दिया है। जैसा कि हाल ही में हुई श्रीदेवी की मृत्यु के कुछ उदाहरण सामने आये हैं, जहाँ पत्रकार झूठे आरोप लगाकर न्यायाधीश बन गये और दिवंगत अभिनेत्री श्रीदेवी की मौत पर विवाद खड़े कर दिये। यद्यपि कारगिल युद्ध (1999) और 26/11 2008 में हुई मुम्बई आतंकवादी घटना में पत्रकारों ने अपनी लाइव कवरेज के लिए

साहसिक भूमिका निभाई, क्योंकि शहर में हुए, कई आतंकवादी हमलों ने अव्यवस्था का माहौल बना दिया। निश्चित् रूप से राजनीतिक दलों के बढ़ते प्रभाव की वजह से दर्शकों तक पहुँचने वाली खबरों की गुणवत्ता में कमी आई है। क्योंकि मीडिया ने सरकार के काम को बढ़ावा देने हेतु पार्टियों के लिए एक मंच के रूप में कार्य किया था।

भारत में मीडिया को सशक्त बनाने के लिए सरकार ने भी निरंतर प्रयास किये हैं, क्योंकि स्वतंत्र रूप से सूचनाओं को पहुँचाने के लिए स्वतंत्र मीडिया की आवश्यकता है। भारत की रैंकिंग में गिरावट राष्ट्रीय मीडिया से "राष्ट्रविरोधी" अभिव्यक्ति विचारों को खारिज करने की कोशिश में बढ़ रहे, हिन्दू राष्ट्रवादियों से जुड़ी हुई है, जो लोकतंत्र में मीडिया को एक नकारात्मक भूमिका के रूप में प्रदर्शित करता है। भारतीय परिवेश में लोकतंत्र में मीडिया की भूमिका पर विस्तृत विधान होना मुश्किल है। यह कथन डॉ. भीमराव अम्बेडकर द्वारा दिया गया था। न्यूज ब्रॉडकास्टर्स एसोसिएशन (एनबीए) एक सरकारी निकाय है, जिसने दर्शकों के बीच जानकारी प्रसारित करने के लिए मीडिया हाउसों द्वारा अनुपालन करने के लिए दिशा-निर्देश तैयार किये हैं। यह दिशा-निर्देश निष्पक्षता और वस्तुनिष्ठता के साथ जनता को विश्वसनीय समाचार सुनिश्चित करने पर ध्यान केन्द्रित करते हैं। इस सम्बन्ध में जॉन स्टुअर्ट मिल ने कहा है कि "आज का मॉडल, उच्च वर्ग का मॉडल है जिसे केवल कुछ लोग अपने काबू में रखते हैं। लोकतंत्र इनके इशारे पर नाचता रहता है।" मार्क्स ने भी इसी तरह के मॉडल पर व्यंग्य किया था, "जहाँ पर केवल पूंजीपतियों का राज है। उसने मजदूरों और सर्वहारा वर्ग के राज्य की स्थापना के लिए भी नारा दिया।"

मीडिया लोकतंत्र का चौथा स्तम्भ है यह सरकारी नीतियों के न्याय और लाभ सुनिश्चित करने में एक महत्वपूर्ण भूमिका निभाती है। मीडिया सरकार और जनता के बीच एक कड़ी के रूप में कार्य

करती है, जिसके कारण लोगों का मीडिया पर विश्वास बना रहता है और यह जनता को प्रभावित करती है। बदलते राजनीतिक परिवेश में मीडिया से लोगों की उम्मीदें अधिक बढ़ी हैं। एक व्यक्तिगत धारणा के साथ इस पर विश्वास करना काफी आसान हो गया है। देश की पुरानी पीढ़ी परम्परावादी तथा सांस्कृतिक धारणा में विश्वास करती है, जबकि आज के वैश्वीकरण के दौर में हमारा युवा वर्ग सोशल मीडिया में अधिक विश्वास रखता है। इसलिए प्रिंट मीडिया के स्थान पर इलेक्ट्रॉनिक मीडिया का प्रभाव तेजी से बढ़ रहा है। अतः मीडिया चैनल अपनी टीआरपी को बढ़ाने के लिए तरह-तरह की सूचनाओं को प्रसारित करते हैं, उनके साथ किसी भी प्रकार का पक्षपात या छेड़छाड़ नहीं होना चाहिए। अतः आज के परिप्रेक्ष्य में मीडिया की भूमिका बहुत ही महत्वपूर्ण हो गई है।

संदर्भ ग्रंथ

1. मीडिया और संवाद; एस. विक्रम : श्री नटराज प्रकाशन, दिल्ली, प्रथम संस्करण-2008
2. मीडिया और हम; कुमार, राजहंस : नेशनल पब्लिशिंग हाउस, दिल्ली, प्रथम संस्करण-2016
3. मीडिया, बाजार और लोकतंत्र; बिष्ट,पंकज, सिंह, भूपेन : शिल्पायन प्रकाशन, दिल्ली, संस्करण-2012

10

मीडिया और महिलाएं

– डॉ. मीना

आज मीडिया के प्रभाव से समाज का कोई भी तबका अछूता नहीं है। लेकिन दुखद यह है कि न केवल टीवी चैनलों, बल्कि पत्र-पत्रिकाओं से भी देश के सामाजिक-आर्थिक मुद्दे गायब हो गए हैं, इसके केंद्र में सिर्फ मनोरंजन है जिसमें फैशन शो, डिस्को डांस, अश्लील दृश्य, अंधविश्वास, सिनेमा नगरी की चटपटी खबरें ही छायी रहती हैं। अब समय आ गया है कि हम मीडिया के सच को, उसकी प्राथमिकता को जानें। स्त्री, दलित और अल्पसंख्यक, भारतीय समाज के साथ मीडिया में भी हाशिये पर है। आधुनिकता तो है मगर दिखावटी। मीडिया का दायित्व सिर्फ समाचार मनोरंजन तक ही सीमित नहीं, बल्कि नई सोच वैज्ञानिक दृष्टि और वैचारिकता से समाज को समृद्ध करना भी है। मगर मीडिया इस दायित्व से विमुख उद्योग बनता जा रहा है– जिसका उद्देश्य सिर्फ आर्थिक लाभ कमाना है।[1]

आज देश के हर क्षेत्र में महिलाएं ऊँचे-ऊँचे ओहदों पर हैं। वे संचार प्रोद्यौगिकी, सेना, वायुसेना, चिकित्सा, इंजीनियरिंग, विज्ञान वगैरह के क्षेत्र में न जाने किन-किन भूमिकाओं में कामयाबी के

शिखर छू रही हैं। ऐसा कोई क्षेत्र नहीं, जहां आज की महिलाओं ने अपनी छाप न छोड़ी हो। फिर भी वे अपने आप को असुरक्षित महसूस करती हैं। आजाद भारत में महिलाएं आज भी स्वतंत्र नही हैं। आज देश भर में महिलाओं के साथ हिंसक घटनाओं की मानो बाढ़ सी आ गई है। चाहे महानगर हो या छोटा शहर या गांव-देहात हर गली और कूचे पर महिलाओं पर अत्याचार की कहानियां सुनने और देखने को मिल जाती हैं।

रोजाना अखबार महिलाओं के प्रति अपराधों से भरे रहते हैं। चलती बस और कार में हो रहे बलात्कार, सामूहिक बलात्कार की खबरें, सड़कों पर छेड़खानी, दफ्तरों में शोषण और तेजाब से हमला आदि घटनाएं तो आम हो गई हैं।[2] लिहाजा एक इंसान के तौर पर महिलाओं की स्वतंत्रता हर जगह बाधित हो रही है। स्कूल जाना, काम पर जाना, बाजार जाना, धार्मिक आयोजनों में जाना, न्याय पाने के लिए थानों के चक्कर, इलाज के लिए अस्पताल जाना, इन सब जगहों पर आना - जाना बढ़ते अपराधों के कारण मुश्किल हो गया है। वे अब डरी डरी रहती हैं। एक तरह से वे अपराधियों की गुलाम हो गई हैं। हालात इतने बदतर हो गए हैं कि वे बंद कमरों में भी अपने आप को असुरक्षित महसूस करती हैं।[3] महिला थाने, महिला हेल्प लाईनें, महिला बस सेवाएं, फास्ट कोर्ट जैसी सुविधाओं और कठोर न्याय व्यवस्था के बावजूद महिलाओं के खिलाफ होने वाले अपराधों का ग्राफ ऊपर की तरफ ही बढ़ रहा है। मीडिया भी लूट, हत्या, बलात्कार और गैंगरेप से जुड़ी खबरों को मजे और मनोरंजन के साथ पेश करता है।

मीडिया की एक आँख पुरुषवादी है तो एक आँख सामंती, जहां स्त्री सिर्फ उपयोग की वस्तु है। बड़ी कम्पनियों के उत्पाद बेचते-बेचते स्त्री खुद उत्पाद बनती जा रही है। जिस उत्पाद से उसका कुछ लेना देना नहीं उसमें भी उसे प्रस्तुत किया जा रहा है। पुरुषों के कच्छा

बनियान, ब्लेड और शेविंग क्रीम के विज्ञापन में स्त्री उपयोग की वस्तु है। ब्रांडेड परफ्यूम लगाते ही एक पुरूष पर स्त्रियों का समूह समर्पित होने लगता है। इस प्रकार के विज्ञापन किशोरियों और युवतियों पर बुरा प्रभाव डालते हैं। मार्क्स का कथन है कि पूंजी का हमला शरीर पर ही नहीं विचारों पर भी पड़ता है।

पुरूषों के रोजमर्रा के इस्तेमाल की चीजों के विज्ञापनों में सुंदर और आकर्षक स्त्री दिखाई देती है। पुरूषों के बनियान और जांघिए तक में स्त्री को प्रदर्शित किया जाता है। दुर्गंधनाशकों के विज्ञापनों में तो अर्धनग्न स्त्रियां पुरूषों के साथ एक खास किस्म की कामुक मुद्रा में प्रस्तुत की जाती हैं। इसका एक मात्र मकसद है, स्त्रियों के कामोत्तेजक हाव-भाव और सम्मोहक अंदाज के जरिए पुरूष दर्शकों को आकर्षित करना, एक निश्चित ब्रांड के प्रचार के लिए विशेष तौर पर निर्मित विज्ञापन के द्वारा दर्शकों के आकर्षण और वासना को बढ़ाना, जिससे वे उसे शीघ्र ही खरीद लें।[4]

हरिशंकर परसाई ने बहुत पहले व्यंग्य किया था कि स्त्री अपनी सब चीजें तो खुद खरीदती है लेकिन आदमी की सिगरेट और टायर तक में दखल देती है। विज्ञापन में एक लड़की है, जो प्रेमी को एक खास सिगरेट पिलवा रही है। वह सिगरेट पी रहा है और वह मुग्ध-भाव से देख रही है – तू यह मत समझ लेना कि मैं तेरे रूप और गुण पर मुग्ध हूँ। मैं तो इसलिए तुझे प्यार करने आई हूँ कि तू यह सिगरेट पीता है। एक अन्य विज्ञापन ट्रक के टायर का है भला एक सुन्दरी को ट्रक के टायर से क्या मतलब? मगर इस विज्ञापन में ट्रक खड़ा है, ट्रक के मालिक सरदार जी खड़े हैं, एक टायर रखा है और सुन्दरी इशारा कर रही है कि वह टायर लगाओ। यह बात बर्दाश्त नहीं की जा सकती। पेस्ट, कपड़ा, सिगरेट में दखलन्दाजी चल सकती है, मगर ट्रक का मामला खतरनाक है। ट्रक को अमृतसर से मुम्बई गेहूँ भरकर ले जाना है। अगर स्त्री के कहने से रद्दी टायर

लगा लिया और वह कहीं बीच जंगल में धोखा दे गया, तो सरदारजी का क्या होगा?'[5]

मीडिया द्वारा उपभोक्ता समाज को ध्यान में रखकर स्त्री की छवि को गढ़ा जा रहा है। उनकी मौलिक प्रतिभा को दबाया जा रहा है और उन के अंदर यह बात कूट-कूट कर भरी जा रही है कि उन्हें बस सुंदर दिखना है। विज्ञापन में गोरे रंग को दिखा कर रंग भेद को बढ़ावा दिया जा रहा है। मां-बेटी के अंतर को खत्म किया जा रहा है और बताया जा रहा है कि वह भी बेटी की तरह ही सुंदर और जवान है। यही कारण है कि धारावाहिकों में उसे एक छरहरी युवती की तरह पेश किया जा रहा है। पता ही नही चलता कि माँ कौन है और बेटी कौन? विज्ञापन भी स्त्रियों के उसी रूप को प्रधानता देता है जो शरीर के प्रदर्शन से संबंध रखता है। उसकी बुद्धि और मेधा के विकास से नहीं, उसकी पढ़ाई से नहीं, उसकी सर्जनात्मकता से नहीं, उसकी अस्मिता से नहीं। यह मानसिक गुलामी की निशानी है। यह विज्ञापनों का स्त्री-विरोधी या पुरूष वर्चस्ववादी रवैया है, जो स्त्री की निजी इच्छाओं और आकांक्षाओं पर हमला करता है।[6]

कई महिलाएं जब अपने करिअर में कुछ बेहतर कर रही होती हैं तो उन्हें पारिवारिक उलझनों में उलझा दिया जाता है और नतीजा उन्हें काम छोड़ना पड़ता है। टी.वी. पर भी प्रसारित विभिन्न कार्यक्रमों में पितृसत्तात्मक मूल्यों को स्थापित करने वाली महिलाओं का वर्चस्व है। इनके सामने कर्मठ, प्रगतिशील और वर्चस्व विरोधी युवतियों के व्यक्तित्व की चमक धूमिल पड़ जाती है।[7]

इलैक्ट्रानिक मीडिया के समाचार हों या धारावाहिक, विज्ञापन हों या अन्य कार्यक्रम स्त्री की स्थिति एक जैसी ही है। ग्रामीण और कामगार महिलाएं यहां भी नदारद हैं। समाचारों और समाचार आधारित कार्यक्रमों ने सफल महिलाओं को सेलीब्रेटी जरूर बनाया है, लेकिन आत्मसचेत महिलाओं की सक्रियता और उनके संघर्ष के विवरणों

और दृश्यों के लिए कोई जगह नही। स्त्रियों से संबंधित सुख और सनसनी पैदा करने वाली सौंदर्य प्रतियोगिताओं और फैशन शो पर आधारित कार्यक्रम खूब दिखाए जाते हैं। इन कार्यक्रमों में स्त्री एंकर की भूमिका महज सजावटी होती है। उसका काम स्कोर बताना या मुँह खोलकर मुस्काना भर होता है।[8]

हिन्दी सिनेमा की तरह धारावाहिकों में भी स्त्री को एक आइटम की तरह प्रस्तुत किया जा रहा है। जहां उसे कभी प्रेम के नाम पर तो कभी विश्वास के नाम पर तो कहीं परिवार के नाम पर छला जा रहा है। धारावाहिकों में तो स्त्री का एक और नया रूप सामने आ रहा है, वह है डायन का। अनेक धारावाहिकों में मरने के बाद स्त्री डायन बन जाती है और अपना बदला लेती है। ये डायनें, पुराने किलों, महलों, डाक बंगलों में रहती है। एकता कपूर के सीरियलों में कुछ महिला पात्र तो डायन से भी ज्यादा खतरनाक हैं। एक तरफ जब पूरे देश में महिलाओं के साथ बर्बरता की घटनाएं रूकने का नाम ही नहीं ले रहीं, आज भी देश में कभी डायन बताकर तो कभी सती के नाम पर उनकी जीवन लीला समाप्त की जा रही है। ऐसे में इन धारावाहिकों ने आग में पेट्रोल का काम किया है। सोनी पर प्रसारित अनामिका इसका उदाहरण है।[9]

कहने को तो सारी दुनिया उनकी है, सारा आकाश उनका है, बेशक आज समाज बदल रहा है मगर यथार्थ की परतें कितनी बहुआयामी और जटिल हैं जिन्हें भेदकर अंदरूनी सच्चाई तक पहुँच पाना आसान नही। मीडिया इन दिनों सबसे ज्यादा गड़बड़ी स्त्री के साथ कर रहा है। दिखाया जा रहा है और समझाया जा रहा है कि स्त्री का चेहरा आकर्षक और चित्त चंचल है। इलैक्ट्रानिक मीडिया, जिसकी पहुँच बहुत व्यापक और प्रभाव बहुत निर्णायक है, स्त्री की छवि को धूमिल करने का काम कर रहा है। प्रिंट मीडिया से लेकर इलैक्ट्रानिक मीडिया तक स्त्री का ग्लैमर रूप ही विस्तार पा रहा है।

फिल्मी ग्लैमर की दुनिया से जुड़े कार्यक्रम, फिल्मी हस्तियों के विवाहेतर संबंध, उनके निजी जीवन की झूठी-सच्ची खबरों को मिर्च-मसाले के साथ परोसा जाता है। किस फिल्मी अभिनेता या अभिनेत्री का तलाक हो गया, किसका प्रेम संबंध होने वाला है या चल रहा है, किसकी पार्टी में किसकी लड़ाई हो गई आदि यह सारी खबरें दर्शकों को अधिक-से-अधिक लाभ कमाने के लिए दिखाई जाती हैं। दर्शको को ग्लैमर की चकाचौंध के प्रति आकृष्ट करने के लिए अभिनेताओं व अभिनेत्रियों की पसंद, नापसंद, उनका जन्मदिन, विवाह, विवाह की वर्षगांठ, उनके परस्पर झगड़े, उनके द्वारा दी गई दावतों के विषय में मिर्च-मसाला लगाकर दिखाते हैं। इस प्रकार ये समाचार चैनल अपने मुख्य उद्देश्य से दूर हटकर सामान्य जन की रूचि को बाजारवाद की ओर मोड़ने का प्रयास कर रहे हैं।[10]

समाचार चैनलों में समाचार कम और सनसनी, उत्तेजना अधिक फैलाई जाती है। जाहिर सी बात है यह सब टी.आर.पी. के लिए किया जाता है। दर्शकों की संवेदना से उनका कोई सरोकार नही होता। जनता हमेशा अपेक्षा रखती है कि मीडिया के माध्यम से यथार्थ का प्रसारण हो, मगर मानवीय संवेदनाओं की कीमत पर नहीं। महिलाओं संबंधी घटनाओं को लेकर किया गया प्रसारण इन समाचार चैनलों के लिए एक्सक्लूसिव है और इसके पक्ष में तर्क दिया जाता है कि मीडिया का काम सच को दिखाना है। इस तरह के प्रकरण में मानवीय संवेदनाओं और कर्तव्यों का हनन होता है।[11] मीडिया को महिलाओं के प्रति संवेदनशील रहना चाहिए, एक्सक्लूसिव की आड़ में उसे सार्वजनिक ना करे, ऐसा करने से न केवल मीडिया का मानवीय पहलू उभर कर आयेगा, अपितु महिलाओं की निजता का हनन भी नही होगा।

संदर्भ ग्रंथ

1. जनसत्ता, चंद्रभान सिंह यादव-मीडिया में महिलाएं
2. जनसत्ता, महिला सुरक्षा के मानक, रेनुका तिवारी, 1 मार्च, 2015

3. जनसत्ता, सुरक्षा और कानून-वीरेंद्र पैन्यूली, 25 अक्टूबर, 2015
4. विज्ञापनों में स्त्री देह – शैलेंद्र चौहान, जनसत्ता, 29 नवम्बर, 2015
5. विज्ञापन में बिकती नारी - हरिशंकर परसाई
6. विज्ञापनों में स्त्री देह – शैलेंद्र चौहान, जनसत्ता, 29 नवम्बर, 2015
7. जनसत्ता, चंद्रभान सिंह यादव -मीडिया में महिलाएं
8. मीडिया, साहित्य और संस्कृति – माधव हाड़ा, श्याम प्रकाशन, जयपुर, पृ. 23
9. भाषा, साहित्य, संस्कृति, संवेदना और शोध का त्रैमासिक (सहृदय) – डॉ. पूरनचंद टण्डन, अप्रैल-सितम्बर, 2015, वर्ष : 7, अंक 24-25, पृ. 127
10. भाषा, साहित्य, संस्कृति, संवेदना और शोध का त्रैमासिक; (सहृदय); – डॉ. पूरनचंद टण्डन, अप्रैल-सितम्बर, 2015, वर्ष : 7,अंक 24-25, पृ. 127
11 . भाषा, साहित्य, संस्कृति, संवेदना और शोध का त्रैमासिक (सहृदय) – डॉ. पूरनचंद टण्डन, अप्रैल-सितम्बर, 2015, वर्ष : 7, अंक 24-25, पृ. 127

11

मीडिया और महिलाः वर्तमान संदर्भ

– डॉ. अमिता

पिछले कुछ वर्षों में निश्चित तौर पर मीडिया ने समाज में तेजी से बदलावों की दस्तक दी है जिसमें सीमांत में रह रहे लोगों को अधिक स्पेस मिला है चाहे वह दलित हों, स्त्री हो या फिर आदिवासी समुदायों की खबरें हों। मीडिया इनके जीवन की गुत्थियों को टटोलने लगी है और उससे जुड़े प्रश्न तथा प्रतिप्रश्नों को भी आमंत्रित करती है। समाज में सदैव से महिलाओं के साथ गैरबराबरी का व्यवहार रहा है। यही कारण है कि महिलाओं की सामाजिक स्थिति में सुधार को लेकर लम्बे समय से वैश्विक स्तर पर चिंता व्यक्त की जाती रही है।

चूँकि, स्त्री जाति, उपसमाज तथा भौगोलिक सीमाओं से परे एक वृहत्तर समाज में अपनी जगह बनाती है। कहने का अभिप्राय यह है कि वह आधी आबादी है और उसकी उपस्थिति सभी जगहों पर है। ऐसे में वैश्वीकरण के इस युग में बाजार ने स्त्री को साथ लेने का निर्णय लिया क्योंकि बाजार को स्त्री की जरूरत है और स्त्री जिसके पास अपना कहने को कुछ नहीं है उसे बाजार ने जगह दी है "एक संरचना के रूप जहाँ पुरुष में स्वायतता का बोध है, वहीं स्त्री में

यह बोध शुरू से ही नहीं है। कारण स्त्री की सामाजिक संरचना पुरुष ने ही तो की है। इतिहास में जब किसी एक जाति ने दूसरी जाति को अधिकृत एवं नियंत्रित करने की कोशिश की है तो उसके परिणाम से हम सभी वाकिफ हैं। ऐसी वर्चस्वशाली व्यवस्था में देर–सवेर विद्रोह और उत्पात तो होना ही था ।।"[1]

वर्तमान समय में डिजिटल क्रांति के युग में मीडिया ने महिलाओं को एक ऐसा प्लेटफार्म दिया है जिससे उनकी स्थिति में सुधार की संभावना बढ़ गयी है। आज के समय में सोशल मीडिया एक ऐसा माध्यम है जहाँ किसी की पहुंच को सीमित नहीं किया जा सकता। इसे इस्तेमाल करने वाला व्यक्ति ऑनलाइन माध्यम से किसी भी तरह की सूचना, व्यक्तिगत संवाद, विचार, वीडियो अथवा ऑडियो शेयर कर सकता है। ब्लॉग, वेबसाइट, फेसबुक, ट्विटर, इंस्टाग्राम, व्हाट्सएप, यूट्यूब जैसे माध्यमों ने मीडिया के क्षेत्र में नयी क्रांति की है।

प्रिंट मीडिया, मीडिया के क्षेत्र में पहले आया जिसने सम्पूर्ण विश्व में कई तरह की क्रांतियों को अंजाम दिया है जो मीडिया का सबसे सशक्त माध्यम है। जिसमें किसी बात का होना उसकी शत–प्रतिशत विश्वसनीयता को दर्शाता है। गुलामों की आजादी से लेकर सरकारों में गुणात्मक बदलाव तक में प्रिंट मीडिया ने अपना परचम लहराया है। यही कारण है कि मीडिया को लोकतंत्र का चौथा स्तंभ कहा जाता है। लेकिन यहां भी स्त्रियों की उपस्थिति बेहद कम ही है। प्रिंट मीडिया में अभी भी पुरूषों का ही वर्चस्व है। अखबारों के अधिकतर संपादक पुरुष ही हैं। स्त्रियां उनमें लिख जरूर रहीं हैं पर वो उन स्थानों पर सुशोभित नहीं हैं जिन स्थानों तक पुरुष सदैव से रहें हैं। स्त्रियों की समस्याओं को इसमें स्थान मिला है पर वह पुरुषों द्वारा सोची गयी प्राथमिकता के आधार पर है। समाचार पत्र, बुद्धिजीवी शैली पर आधारित हैं जिसमें स्त्री हाशिये पर ही जगह पाती है। प्रिंट मीडिया की अपेक्षा रेडियो ने स्त्रियों के जीवन से जुड़ी समस्याओं

पर अधिक संवेदना दिखायी है। रेडियो का जाल भारत में सबसे बड़ा है। महिलाओं की सामाजिक सहभागिता को बढ़ाने में रेडियो की महत्वपूर्ण भूमिका रही है। मीडिया के इस माध्यम की जमीनी पकड़ छोटे-छोटे मजदूरों से लेकर सुदूर खेतों में काम करने वाले किसान तक है। रेडियो चूंकि श्रव्य माध्यम है इसकी भाषा अधिक सम्वेदनशील, सरल और जन-जन से जुड़ी है। इसने लोक के दैनंदिन जीवन से अपने आप को अधिक जोड़ा है। एक समय था जब हमारा पूरा देश, दहेज उत्पीड़न की विभीषिका से गुजर रहा था तब रेडियो ने दहेज उत्पीड़न जैसे मामलों पर जागरूकता सम्बंधित ढेरों कार्यक्रम प्रसारित किये। भविष्य में खैर इन कुरीतियों में कमी आयी और समय के साथ ये मामले कम हुए। इन कार्यक्रमों को सुनने वाला पूरा परिवार होता था। रेडियो, सामाजिक समस्याओं को अधिक संवेदनशील तरीके से प्रस्तुत करता है। यद्यपि टीवी के चलते रेडियो के सुनने वालों में कमी आयी है। टीवी श्रव्य और दृश्य माध्यम है अतः वह लोगों को अधिक आकर्षित करने में सक्षम है।

मीडिया ने स्त्री को स्पेस मुहैया कराया। आज बहुत सारे बुद्धिजीवी इस बात पर प्रश्न उठा रहे हैं कि बाजार स्त्री को क्या बनाना चाहता है। वह तो उसे अपने प्रोडेक्ट बेचने के लिये प्रयोग कर रहा है। पर स्त्री जिसे पितृसत्ता ने शारीरिक और मानासिक तौर पर जगह-जगह से क्षत-विक्षत किया वह तो ऑक्सीजन मिलने भर से खुश थी। उसे घर की बँधी-बंधाई जिंदगी से बाहर एक चौपाल मिली जहाँ वह अपने दु:ख, तकलीफें बिना किसी बोझ के दूसरों के साथ बांट सकती थी। बाजार से उसे कुछ पैसे भी मिलने लगे जिससे वह अपनी मनपसन्द चीज खरीद सकती थी। फ्रैंच लेखिका सिमोन ने 1953 में 'द सेकंड सेक्स' लिखा, जिसमें उन्होंने आर्थिक स्वतंत्रता को स्त्री के लिए सबसे महत्वपूर्ण माना और 1990 के बाद स्त्री जीवन में जो परिवर्तन आये उसमें बाजार ने महत्वपूर्ण भूमिका निभाई।

मीडिया में एक तरह की पारदर्शिता देखने को मिलती है जो महिलाओं के लिए प्रभावकारी हथियार के रूप में काम कर सकता है। यह नई मीडिया स्त्रियों की सोच को आवाज दे रहा है। स्त्री जिसके पास अपने अधिकार नहीं थे वे अपने अधिकारों की लड़ाई लड़ सकती हैं, इसके लिए मीडिया ने उन्हें स्पेस दिया है, जिससे स्त्री जीवन में परिवर्तन आये हैं। मीडिया के इस प्लेटफार्म पर वह स्वयं ही अपनी आवाज उठा सकती है जिसके लिए किसी दूसरे व्यक्ति के सहारे की उसे आवश्यकता नहीं है।

चूँकि बाजार मीडिया को कहीं न कहीं नियंत्रित करता है अतः मीडिया ने स्त्री छवि गढ़ी। समाचार पढ़ती औरतें, बौद्धिक बहसों में आती औरतें, फिल्मों की डायरेक्टर बनती औरतें और अब औरतें शैक्षिक प्रतिष्ठानों के अलावा दूसरी प्रतिष्ठित जगहों में भी नजर आने लगी हैं। आज के समय में कंपनियों में काम करने वाली औरतों के पास 'पिक एंड ड्राप' की सुविधा है वे रात में भी आराम से काम कर पाती हैं। यद्यपि टिप्पणीकारों ने इस बदलती स्त्री को बाजार की उपभोक्तावादी दृष्टि की साजिश का हिस्सा माना है कि बाजार में स्त्री सुरक्षित नहीं है और उसे वस्तु (प्रोडक्ट) के रूप में ढाला जा रहा है, स्त्री के इस रूप की चिंता बहुत सारे समीक्षकों को है। मीडिया वही कर रहा है बाजार जैसा चाहता है। पर कई बातों में खास बात यह है कि इस मीडिया ने स्त्री को गुमनामी के रास्ते से बचाया है।

अगर ऐतिहासिक क्रम में हम स्त्री को खोंजे तो "स्त्री हमारा अंश और विस्तार है। वह हमारी ऐसी जन्मभूमि है जिसे हमने अपना उपनिवेश बना लिया है। हमारी सोच और संस्कृति के सारे सामंती और साम्राज्यवादी मूल्य उपनिवेश के आधिपत्य और शोषण को जायज ठहराने की मानसिकता से पैदा होते हैं। बीसवीं शताब्दी के उत्तरार्द्ध में दुनिया भर में जो उपनिवेश, भौतिक और मानासिक रूप से स्वतंत्र हुए उनमें स्त्री नाम का उपनिवेश भी है। दलित हमारे घरों

और बस्तियों से बाहर होता है स्त्री हमारे भीतर है, इसलिए उसका संघर्ष ज्यादा जटिल है।"[2]

तो स्त्री हमेशा से वस्तु थी, उसे जब चाहा गया, जिसे चाहा गया उसे दिया गया, वह उपहार में दी गयी, जुए में हारी गयी।

वह स्वावलंबन के रास्ते पर तो कभी न थी माना बाजार व्यवस्था एक पूंजीवादी व्यवस्था है और मीडिया जिसमें लोग विश्वास करते हैं वह भी आज के समय में मुनाफा कमाने में लगी हुई है-"मुनाफाखोरी पर जोर ने मीडिया को सामाजिक सरोकारों से दूर कर दिया है लेकिन फिर भी वह स्वयं को सामाजिक सरोकारों का सबसे बड़ा पैरोकार दिखाता है"[3] मीडिया में पारदर्शिता बनी रहे, वह सामाजिक सरोकारों से जुड़ी रहे, यह अलग बहस का मुद्दा हो सकता है। जहाँ तक मीडिया में भारतीय स्त्री की छवि को लेकर बात है, मीडिया ने भारतीय स्त्री को परिवर्तनशीलता अर्थात आधुनिकता से परिचित कराया है। हबीब तनवीर कहते है" अपने जीवन में आ रही स्थितियों से टकराना भी आधुनिकता है।"-[4] भारतीय स्त्री भी वर्तमान समय में अपनी जीवन स्थितियों से टकरा रही है। वह अपने जीवन को सुधारना चाहती है।

आज की मीडिया अनियन्त्रित व असीमित है, जिस तक पहुंचने के लिए अत्यधिक संसाधनों की आवश्यकता नहीं है। अगर नई मीडिया का इस्तेमाल तर्कसंगत तरीके से किया जाय तो नतीजे और बेहतरीन होंगे। आज के समय में रोटी, कपड़ा और मोबाइल हर मिनट की आवश्यकता बन चुका है। मीडिया के इस रूप को संदेह भरी नजरों से देखा जा रहा है, जो कर रहा है वो कितना सही है क्या वह अपने सरोकारों और औचित्यों का सही तरीके से निर्वाह कर रहा है। टी.आर.पी. का खेल उसे सही और विश्वसनीय खबरों की ओर कितना उन्मुख करता है। वह खबरों को बढ़ा-चढ़ा कर भी प्रस्तुत करता है। यह सब मीडिया के तेजी से पापुलर होने और उसके गैर जिम्मेदाराना रवैये को दर्शाता है। जिसमें सामाजिक सरोकारों के प्रति

उदासीनता दिखती है 'जो दिखाऊ है वही बिकाऊ' है की छवि मुखरित करता है।

मीडिया के इस दौर में समूचे विश्व के सूचनाकृत तार एक दूसरे से जुड़ गए हैं। किस देश में क्या हो रहा है; अमेरिकी राष्ट्रपति डोनाल्ड ट्रंप किस देश के दौरे पर हैं, प्रिन्स विलियम और उनकी पत्नी केट मिडल्टन कहाँ घूम रहे हैं, एंजलीना जोली और ब्रैडपिट में कब, क्यों अलगाव हुआ। ये सारी सामरिक और सिने जगत से जुड़ीं हुई बातें सामान्य पढ़े-लिखे लोगों को आज के समय में पता हैं। वाट्सअप, फेसबुक और ट्विटर की दुनिया ने लोगों की उंगलियों को नाचना सिखाया है, वे अपडेट हैं।

भारतीय समाज की महिलाएं भी पुरातन समाज से नई दुनियां में प्रवेश कर रही हैं। समय एक महत्वपूर्ण इकाई है इसलिए 21वीं सदी में जीवनयापन करने के लिए संसाधन भी इक्कीसवीं सदी के होंगें। वर्तमान समय में महिलाओं की साक्षरता के स्तर में भी सुधार आया है । यद्यपि महिलाओं को और अधिक जागरूक होने की जरूरत है उन्हें यह समझना होगा कि जब तक निर्भरता दूसरों पर बनी रहेगी तब तक स्थिति को बदलने का दावा कोई नहीं कर सकता।

कुछ समय के लिए अगर मेट्रोपोलिटन शहरों को छोड़ दें और ग्रामीण भारत की ओर रुख करें तो उनके जीवन स्तर में पहले की अपेक्षा सुधार आया है। आज के करीब 40 वर्ष पहले भारत एक विपन्न देश हुआ करता था कुछ प्रतिशत लोगों के पास पूंजी बेशक हो पर बाकी 80% के लिए रोटी, कपडा, मकान प्राथमिक आवश्यकताओं का बंदोबस्त करना अत्यंत मुश्किल था। अगर किसी समाज को मजबूत और प्रगतिशील होना है तो उसकी एक कमोवेश निश्चित उसूली बुनियाद होनी चाहिए और साथ ही उसका एक जिन्दा नजरिया होना चाहिये। इस जिन्दा नजरिये के बगैर सड़न और बरबादी होती है।"[5]

शिक्षा का रास्ता प्रगतिशीलता की ओर ले जाता है जिससे हिंदुस्तानी जनता वंचित थी। शैक्षिक होना विकास के कई पहलुओं से जोड़ता है। हमारे देश का ग्रामीण व्यक्ति तो इस बात से भी अनजान है कि इस देश की सीमायें कहाँ से लगती हैं, देश के विभिन्न राज्य किस प्रकार की जीवन संस्कृति में जीवन यापन कर रहे हैं। तब आम हिंदुस्तानी किस नजरिये से अपनी बेटी के सामने बेहतर भविष्य का फ्रेम रख पायेगा। मीडिया ने किताबी शिक्षा के अलावा एक ऐसा दरवाजा खोला है जो देश-दुनियां के बहुत सारे तथ्यों से हमें अवगत कराता है।

आज के समय में अभिभावकों को वे रास्ते दिखाई पड़ने लगे हैं जिन रास्तों से वे अपनी बेटी को आत्मनिर्भर बना सकते हैं। माता-पिता ने टेलीविजन पर कामयाब लड़कियों की तस्वीरें देखीं हैं। इसलिए वे अपनी लड़की को कामयाब बनाना चाहते हैं। एक कामयाब बेटी का सपना ज्यादातर भारतीय देखने लगे हैं इसका बहुत कुछ श्रेय मीडिया को जाता है। स्त्रियों के लिए इस देश में श्रृंखलाएं कब कम थी। सती-प्रथा और जौहर से निकली, तो दहेज-प्रथा में वे जलाकर मार दी जाने लगी, कड़े कानूनों के बीच में दहेज का उत्पीड़न कम हुआ तो उनके लिए हिंसा के लिए अन्य रास्ते अपनाये जाने लगे।

जिन उत्पीडन और शोषण की खबरों को आये दिन पढ़ते और सुनते रहते हैं। खाप पंचायतें, तीन तलाक, विवाह संस्था से जुड़ी शारीरिक और मानसिक शोषण की खबरें, पितृसत्तात्मक व्यवस्था के कट्टर रवैये की तरफ ऊँगली उठाती हैं। फिर भी मीडिया लगातार इन्फ्लुएंस बनाये हुए है और महिला समाज भी मीडिया को इन्फ्लुएंस कर रहा है। आये दिन अपमानित तिरस्कृत महिलाओं के जीवन से जुड़े साक्ष्यों को टीवी और मैगजीन पर जगह मिलती है और कई बार मामला जोर पकड़ जाने पर उस महिला को उसका हक भी मिलता है। यह मीडिया का ही इन्फ्लुएंस है कि 'झूठ बोले कउवा काटे'

के लोगो वाली तहलका पत्रिका के संपादक तरुण तेजपाल आज सलाखों के अंदर हैं क्योंकि उन्होंने अपनी बेटी की उम्र की लड़की को उसके न चाहते हुए भी बार-बार छेड़ा था। आशाराम बापू और बाबा राम-रहीम जैसे दौलतमंद बाबा आज जेल में हैं तो इन सबके पीछे मीडिया काम कर रहा है।

सदियों से पुरुष समाज की कृपा पर पलने वाली स्त्री ने पैसे कमाने शुरू कर दिए हैं। वह विभिन्न प्रकार के संस्थानों में काम में हिस्सेदारी कर रही हैं। बहुत सारी स्त्रियां अपने भरण-पोषण में सक्षम हुई हैं "नया-नया आजाद हुआ प्राणी पूरे उत्साह से तिगुने दायित्व भी निभाता है- घर-बाहर दोनों संभालते हुए बच्चे भी पाल लेने का तिहरा दायित्व। घूस लेती हुई कोई महिला अफसर जल्दी से देखी नहीं जाती"[6]

माधवी श्री 'बहुत बदल गयी है यह दुनिया' लेख में तमाम महिला-पत्रकारों की संघर्ष - यात्रा को याद करती हैं, उस वक्त से जब उनके लिए नौकरी वेटिंग रूम समझी जाती थी। और कभी तो 'द स्टेट्समैन' में वरिष्ठ पत्रकार बच्ची कांकरिया को नौकरी न देने का कारण यह बताया कि अखबार के दफ्तर में महिला टॉयलेट नहीं है! माधवी श्री लंबे संघर्ष को महिला पत्रकारों की उपलब्धि बताती हैं।[7]

इंटरनेट महिलाओं के व्यक्तित्व में बहुआयामी परिवर्तन कर रहा है, वह सामूहिक नेटवर्किंग का एक माध्यम है। इसमें व्यक्ति की इच्छानुसार सामाजिक विकास के लक्ष्य को प्राप्त करने के लिए संचार एवं सूचना तकनीकी की सुविधा उपलब्ध है। यह एक ऐसा प्लेटफार्म है जहाँ वे पहल करके अपनी इच्छा को आवाज दे सकती हैं।

परिवर्तन की यह दस्तक सिनेमा के रुपहले पर्दे पर भी दिखाई पड़ने लगी है। एक समय में नायक के आगोश में लिपटी, उसके लिए रोती सिसकती, उसका इंतजार करती नायिकाओं की भूमिकाएं आज के दौर में पूरी तरह से बदल गई हैं। अब वह कहीं क्रांतिकारी,

तो कहीं अपनी इच्छा का जीवन जीने वाली नवयुवती है। लिपस्टिक इन माई बुरका, कहानी, क्वीन, एन.एच.टेन., गुलाब गैंग, बेगम जॉन आदि विभिन्न विषयों पर बनी महिला आधारित फिल्में हैं। जिन्होंने महिलाओं से जुड़े मानवीय सरोकारों को दर्शकों के सामने रखा। इसके अलावा उन विषयों पर आधारित फिल्में भी बनीं, जिन पर हमारा समाज अभी तक चुप्पी साधे बैठा था। पिंक, टॉयलेट: एक प्रेमकथा, एवं पैडमैन इत्यादि ऐसी ही फिल्में हैं जिन विषयों पर लड़कियों को घरों में सांस रोके रखने की हिदायत दी जाती है। आज उन्हीं विषयों पर बनी फिल्मों को दर्शक सराह रहे हैं। मैरीकॉम और दंगल जैसी खेल आधारित फिल्में हौसला अफजाई कर रही हैं कि नाम लड़के ही नहीं लड़कियां भी कर सकती हैं। बेशक इसे यह माना जा सकता है कि यह तो सिनेमा के रुपहले पर्दे की बातें हैं, इसका सामान्य जनता से साथ कोई सरोकार नहीं है पर इन सबसे प्रत्यक्ष न सही अप्रत्यक्ष तौर पर जागरूकता और चेतना अवश्य आती है।

फिल्मों की तरह विज्ञापन की दुनिया में भी परिवर्तन आ रहे हैं। वाशिंग मशीन, डिटर्जेन्ट पाउडर, चाय आदि के विज्ञापनों में जहाँ पहले स्त्री ही काम करती थी वहीं अब साथ में पुरुष वर्ग भी दिखना शुरू हो गया है क्योंकि घर के कामों में हाथ बंटाने की कवायद ने रंगत लानी शुरू कर दी है। कुछ जिम्मेदार विज्ञापन दाताओं ने जैसे- रिन, कोलगेट, एक्सिस बैंक इत्यादि ने महिलाओं को सम्मानजनक तरीके से दिखाना शुरू किया है जिसमें स्त्रियों का सौंदर्य ही नहीं उनके विवेक को भी सराहा गया है। घरेलू कामों के सन्दर्भ में पुरुष वर्ग को लगातार प्रोत्साहित किया जा रहा है। परिवर्तन तो हो रहे हैं साथ ही यह प्रश्न भी जुड़ा हुआ है कि परिवर्तनों के साथ अपराधों में कमी क्यों नहीं हो रही है।

हर समय के ब्यूटीमिथ रहे हैं। प्रश्न है कि मीडिया के क्षेत्र में कार्य करने के लिए पुरुष वर्ग का उतना आकर्षक होना आवश्यक

नहीं है जितना महिला वर्ग का। जिसके लिए महिलाओं को कोशिश करने के बावजूद अवसर नहीं मिल पाते। नाओमी वुल्फ ने अपनी पुस्तक 'ब्यूटी मिथ' में सौंदर्य को मनी माना है। यह मिथ भारतीय मीडिया में भी काम कर रहा है। जबकि ऐसा नहीं होना चाहिये बहादुरी, हिम्मत, जज्बा और ज्ञान पुरुषों के ही नहीं, स्त्रियों के भी आभूषण हैं।

जब विश्वसुंदरी ऐश्वर्या राय बच्चन ने अभिषेक बच्चन से शादी की और माँ बनी। तब फिल्म निर्देशक राजकुमार हिरानी ने कहा था कि सुन्दर औरतों का माँ बनना मुझे पसंद नहीं। माँ बनना अर्थात सौंदर्य के पायदान से नीचे गिर जाना था। इस तरह सौन्दर्य का कम हो जाना। मीडिया में काम की कमी का उल्लेख करता है पर सुंदरता के इन प्रतिमानों में छोटी गति के परिवर्तन दिखाई दे रहे हैं। हौसला अगर रखा जाए तो प्रतिभा और मेहनत के द्वारा काम की तलाश की जा सकती है। दम लगा के हईशा, और टॉयलेट: एक प्रेमकथा की नायिका भूमि पराड़कर अपने भारी शारीरिक वजन के बावजूद दर्शकों का ध्यान अपनी ओर खींचने में सक्षम रही हैं।

यह किसी से छुपा नहीं है कि इलेक्ट्रॉनिक मीडिया अपनी टी.आर.पी. बढ़ाने के लिए महिलाओं से मानक सौंदर्य की इच्छा रखता है। इस तरह कॉमेडी किंग कपिल शर्मा की सहयोगी भारती अपने शारीरिक आकार-प्रकार को नहीं, काम को लेकर सचेत हैं। जॉय मॉइस्चराइजर का प्रचार करते हुए वे तसल्ली से कहती हैं कि मुझे बचपन से ही पता है कि मैं खूबसूरत हूँ। मेहनत और जागरूकता के साथ अगर स्त्रियां इसी प्रकार कदम आगे बढ़ाती गई तो सौन्दर्य के मानक गौण हो जाएंगे। कदाचित उनकी मुख्य भूमिका तो नहीं रह पायेगी। स्त्री नये सत्य स्थापित करने की स्थिति प्राप्त करना चाहती है। आज के समय में कई मीडिया हाऊस की मालकिन महिलाएं हैं।

यहाँ यह भी उल्लेख करना आवश्यक है और यह सच है कि हाल - फिलहाल मीडिया और बहुराष्ट्रीय कंपनियों में स्त्री के लिए जो जगह बनती दिख रही है। वह अंदर से मजबूत नहीं है। "बहुराष्ट्रीय कंपनियों के आने से स्त्री के लिए आर्थिक आत्मनिर्भरता की जो नई जगह बनती दिख रही है, वह भीतर से बहुत टिकाऊ और मानवीय नहीं है।"[8]

सोशल मीडिया का प्रचलन पिछले एक दशक से काफी ज्यादा बढ़ा है। सोशल मीडिया से अभिप्राय ऐसी मीडिया से है जहाँ आम लोग खुलकर अपने विचार व्यक्त कर सकते हैं। आज के समय में 'सोशल मीडिया में स्पेस का लोकतंत्रीकरण हो रहा है; अर्थात इसमें समाज के अन्य तबके भी सम्मिलित हो रहे हैं, खासतौर पर कम शिक्षित और ग्रामीण क्षेत्रों में रहने वाले लोग भी इसमें सम्मिलित हो रहें हैं। लेकिन सोशल मीडिया पर सक्रिय पुरुषों और महिलाओं के बीच का अंतर अभी भी काफी बड़ा है। महिलाएं स्मार्टफोन रखने और सोशल मीडिया का उपयोग करने के मामले में पुरुषों से काफी पीछे हैं।।[9]

आर्थिक कमी, गिरते स्वास्थ्य, परिवारों द्वारा दिए गए निर्णयों के आधार पर लाचारी और बेबसी का जीवन जीने वाली भारतीय महिलाओं के समक्ष 15-20 वर्षों से वह जो बाजार-बाजार हो रहा है उसने उन्हें लाचारी की दुनिया से बाहर खींचा है। यद्यपि इन सारे नये रास्तों के खुलने के बावजूद स्त्रियों के साथ किये जा रहे अपराधों में कमी नहीं आई है। लाचारी, विवशता और उपेक्षा से मुक्ति पाने के लिए उनके पास उस तरह के सशक्त रास्ते नहीं हैं जो रास्ते पुरुषों के पास हैं। ऐसे में आज के समय में मीडिया के प्रचार-प्रसार से स्त्री को बड़ी न सही पर छोटी राहें अवश्य दिखने लगी हैं और कुछ ताकतवर महिलायें तो अपना इतिहास भी रच रही हैं। अतः मीडिया

के उत्साह से महिलाओं का जीवन बदल अवश्य रहा है। यह समय मीडिया का है।

संदर्भ ग्रंथ

1. आदमी की निगाह में औरत -राजेंद्र यादव, भूमिका भाग, राजकमल प्रकाशन प्रा.लि.,बी, नेताजी सुभाष मार्ग, नई दिल्ली-110002
2. आदमी की निगाह में औरत-राजेन्द्र यादव, भूमिका भाग, राजकमल प्रकाशन, प्रा.लि.,बी, नेताजी सुभाष मार्ग, नई दिल्ली-110002
3. प्रतिमान 'जनवरी-जून 2013' प्रधान संपादक -अभय कुमार दुबे, समीक्षा-मीडिया तो मंडी में, लेकिन दर्शक कहाँ-तृप्ता शर्मा, पेज-348, वाणी प्रकाशन, दरियागंज, नई दिल्ली
4. प्रतिमान 'जनवरी- जून 2013' प्रधान सम्पादक- अभय कुमार दुबे, लेख-गाती-झूमती मजे लेती आधुनिकता: हबीब तनवीर का रंगकर्म, पेज-279, वाणी प्रकाशन, दरियागंज, नई दिल्ली
5. हिन्दुस्तान की कहानी-जवाहरलाल नेहरु, हिन्दुस्तान की बाढ़ मारी गई, पेज-696, प्रकाशक: सस्ता साहित्य मंडल, एन-77, पहली मंजिल, कनॉट प्लेस, नयी दिल्ली
6. स्त्री विमर्श का लोक पक्ष- अनामिका, पेज-35, वाणी प्रकाशन, दरियागंज, नई दिल्ली
7. मीडिया विमर्श-अपराध पत्रकारिता, विशेषांक-2, अंक-47, जून-2018 सम्पादक. श्रीकांत सिंह, पेज-109
8. वाक्-पत्रिका, सम्पादक-सुधीश पचौरी, लेख-अल्पना मिश्र, पेज-57
9. प्रतिमान-जनवरी-जून, 2019, अंक-13, प्रधान संपादक-अभय कुमार दुबे, लेख-सोशल मीडिया और मतदाता, पेज-21, वाणी प्रकाशन, दरियागंज, नई दिल्ली

12

मीडिया और साहित्य

– कँवलजीत कौर

संचार माध्यमों में मीडिया सम्प्रेषण का सबसे सशक्त माध्यम है। सबसे पहले यह प्रिंट माध्यम जैसे पत्र-पत्रिकाओं तक सीमित था परन्तु न्यूज चैनलों के आने के बाद इसका विस्तार कई गुना तक बढ़ गया है और अब तो एक नया माध्यम, सोशल मीडिया पूरी दुनिया में तहलका मचा रहा है। संचार माध्यमों के इन रूपों का सबसे बड़ा फायदा यह है कि साहित्य, समाज, राजनीति, अर्थशास्त्र, विज्ञान, फिल्म प्रत्येक क्षेत्र से जुड़ी हर जानकारी लोगों तक कम से कम समय में पहुंच रही है। लोग पहले से ज्यादा 'इन्फॉर्म्ड' हैं। आज हर किसी को देश-दुनिया में क्या हो रहा है, इसकी जानकारी है। पल-पल की सूचना लोगों तक पहुंच रही है। सभी संचार माध्यम-अखबार, पत्रिकाएँ, न्यूज चैनल्स दिन रात इस कोशिश में रहते हैं कि कोई सूचना छूटने न पाए-लोगों तक कम से कम समय में पहुंचे। कुछ कसर बाकी रह गई तो उसे सोशल मीडिया पूरी कर रहा है।

मीडिया का काम है सूचनाओं को, जानकारियों को, अधिक से अधिक लोगों तक पहुँचाना। यह कार्य अनादि काल से चला आ रहा

है। कहते हैं नारद जी पहले पत्रकार थे जो इस क्रिया को कर रहे थे। नारद जी ही क्यों? इस क्रिया को हर कोई करता है। जब हम एक सूचना अन्य तक पहुँचाते हैं तो यह क्रिया भी पत्रकारीय कर्म का हिस्सा है। परन्तु समय के साथ-साथ यह क्रिया संगठित व पेशेवर तरीके से की जाने लगी तो इसे पत्रकारिता और अब मीडिया की संज्ञा से विभूषित किया जाने लगा है। मीडिया के कई रूप हो गए हैं, जिसे हम प्रिंट मीडिया, इलेक्ट्रॉनिक मीडिया, सोशल मीडिया के नाम से जानते हैं। प्रिंट मीडिया के अंतर्गत पत्र-पत्रिकाएं शामिल हैं। इलेक्ट्रॉनिक मीडिया में न्यूज चैनलों को शामिल किया जाता है और फेसबुक, ट्विटर, ह्वाट्सऐप ये सभी सोशल मीडिया के हिस्सा हैं।

मीडिया और साहित्य विषय पर यदि गहन विचार किया जाए तो दोनों को अलग करना मुश्किल है। मीडियाकर्मी या पत्रकार अथवा साहित्यकार दोनों का कर्मक्षेत्र समाज है। दोनों का अंतिम ध्येय है कि समाज बेहतर बने-स्वस्थ बने। पहले के साहित्यकार अपनी रचनाओं को खुद लोगों तक पहुंचाते थे अर्थात् वे खुद पत्रकार की भूमिका अदा करते थे। क्या कबीर, सूर, तुलसी की रचनाएं जो लोगों के भीतर तक रची बसी हैं किसी अखबार या न्यूज चैनल की मोहताज थीं? रचनाकार खुद अपनी रचनाओं को लोगों तक पहुंचाता था। स्वतंत्रता आंदोलन के दौरान पत्रकार व साहित्यकार का रिश्ता ज्यादा स्पष्ट और गहरा हुआ है। भारतेंदु हरिश्चंद, प्रताप नारायण मिश्र, महावीर प्रसाद द्विवेदी, मुंशी प्रेमचंद से लेकर माखनलाल चतुर्वेदी, गणेश शंकर विद्यार्थी, विष्णु पराड़कर तक अधिकतर साहित्यकार-पत्रकार थे। अधिकतर ने साहित्य की रचना की, पत्र-पत्रिकाएं निकालीं और उससे बड़ा कर्म जो उस समय का था कि आजादी के आंदोलन में किसी न किसी रूप में भाग लेना, उसे भी किया। यहाँ भी यह स्पष्ट है कि साहित्यकार अपनी रचनाओं को लोगों तक पहुंचाने के लिए खुद ही रास्ता तलाशता रहा है।

आजादी के बाद संचार माध्यम जब कुछ समय के लिए आजाद थे तो दूरदर्शन पर महाभारत, रामायण, वेताल-पचीसी, बृहत्कथा, सरितसागर, पंचतंत्र, गोदान, रंगभूमि, भारत एक खोज, चंद्रलेखा, तमस, सिंहासन बत्तीसी जैसे धारावाहिक हिंदी की विशुद्ध साहित्यिक कृतियों पर बने। प्रिंट मीडिया पर भी कुछ समय के लिये साहित्यकारों का दबदबा रहा। उसी का नतीजा था कि धर्मवीर भारती, सच्चिदानंद हीरानंद वात्सायन अज्ञेय, कमलेश्वर, राजेंद्र माथुर, मनोहर श्याम जोशी जैसे गंभीर लेखक सामने आए जिनकी पकड़ मीडिया और साहित्य दोनों पर थी।

आजादी के दौरान मीडिया एक मिशन के तौर पर थी पर आजादी के बाद प्रोफेशन में तब्दील हो गई। पत्र-पत्रिकाएँ निजी हाथों में चली गई। राजनीतिज्ञ व पूँजीपति इन माध्यमों का उपयोग अपना हित साध ने में करने लगे। पत्र-पत्रिकाओं में गुणात्मक सुधार शुरू हुआ जो बिना पैसे के संभव नहीं था और पैसा सिर्फ पूँजीपतियों के पास था। धीरे-धीरे पत्रकारिता पूँजीवादी गुलामी की शिकार होती गई। इस खेल में साहित्यकार पत्र-पत्रिकाओं के निर्णायक मंडल से बाहर हो गये। अब वह पत्र-पत्रिकाओं के सम्पादक के पद पर होते हुए भी यह तय नहीं कर सकते कि उसे छापना क्या है? कुछ साहित्यकारों ने इस पूँजीवादी गुलामी को स्वीकार किया और एक अर्से तक संपादक भी बने रहे। मीडिया का विस्तार हुआ तो न्यूज चैनल सामने आए। न्यूज चैनलों ने साहित्यकारों को घास भी नहीं डाली। इसने शुरू से सम्पादक मंडल व निर्याणक मंडल से साहित्यकार को या तो प्रवेश नहीं दिया, यदि दिया भी तो उनके हाथ पाँव बांधकर ही रखे। आज स्थिति यह है कि मुख्य धारा के पत्रों में सप्ताह में एक दिन एक पेज अथवा चौथाई पेज साहित्य के लिए दे दिया जाता है। मानो एहसान किया जा रहा हो। न्यूज चैनलों में साहित्य अथवा साहित्यकार का प्रवेश तब होता है जब कोई साहित्य विवादित हो जाए या साहित्यकार को कोई बड़ा अवॉर्ड मिल जाए अथवा उसकी मृत्यु हो जाए।

अब मीडिया पूँजीपतियों व राजनीतिज्ञों के हाथों की कठपुतली हो गई है। दूसरे शब्दों में कहें तो पूँजीपतियों व राजनीतिज्ञों के द्वारा ही मीडिया संचालित हो रही है। अब पूँजीपति व सत्ता द्वारा तय किया जा रहा है कि अखबार में क्या छपना चाहिए और न्यूज चैनल पर क्या दिखना चाहिए? प्रेमंचद को इस बात की आशंका पहले से थी कि भविष्य में साहित्य को लेकर कुछ गड़बड़ झाला जरूर होगा। इसलिए उन्होंने साहित्य और राजनीति के सम्बंधों पर जो कहा वह उल्लेखनीय है- "साहित्य और राजनीति के पीछे चलने वाली सच्चाई ही नहीं, बल्कि आगे मशाल दिखाती हुई चलने वाली सच्चाई है।"

क्या राजनीति ने इस बात को स्वीकार किया? आज राजनीति व साहित्य का सम्बंध क्या है? आज राजनीति इतनी दंभ में डूबी हुई है कि उसे मशाल की आवश्यकता ही नहीं है। इस तरह भी हम कह सकते हैं कि साहित्य रचने वाला ही, खुद सत्ता के आगे नतमस्तक हो चुका है। उसे बस येन केन प्रकारेण अवॉर्ड चाहिए। जिन्हें अवॉर्ड नहीं चाहिए जो सत्ता विरोधी हैं, उनकी चुप्पी भी कम घातक नहीं हैं।

एक वाक्या और है कि दिल्ली में एक कवि सम्मेलन में प्रधानमंत्री नेहरू जी मुख्य अतिथि बनकर गए। सीढ़ियां चढ़ते हुए, जब लड़खड़ा गए तो रामधारी सिंह दिनकर ने उन्हें सँभाल लिया। नेहरू जी ने राष्ट्रकवि दिनकर जी का धन्यवाद किया तो दिनकर जी बोले- "इसमें धन्यवाद की क्या बात है जब-जब देश की राजनीति लड़खड़ाई है तब-तब साहित्य ने ही उसे सहारा दिया है।"

आज के परिप्रेक्ष्य में उपरोक्त वक्तव्यों पर गौर करें तो सब बेमानी हो गए हैं। पूँजीवादी सत्ता और साहित्य का सम्बंध महज अवॉर्ड लेने और देने तक सीमित हो गया है। जैसा कि ऊपर कहा गया है कि जिस प्रकार मीडिया पूँजीवादियों की कठपुतली बनकर रह गई है - उससे कुछ अलग करने की उम्मीद बेमानी है। पूँजीपति और सत्ता

मिलकर मीडिया के बलबूते देश की धारा को कैसे बदल देते हैं इसकी एक बानगी देखिए-

> सुप्रसिद्ध कन्नड़ साहित्यकार वेणुगोपाल ने अपने एक लेख – "प्रेमचंद और समकालीन राजनीति" में एक घटना का जिक्र किया है। यह आधुनिक मीडिया के चरित्र का खुलासा करने के लिए पर्याप्त है। उन्होंने लिखा है – ''बात तब की है, जब राजकपूर की 'बॉबी' फिल्म का हल्ला था। दिनमान में उन्हीं दिनों एक रपट छपी थी। एक विदेशी विचारक ने यह फिल्म देखी तो हॉल से निकलने पर कहा– "फेंटास्टिक पॉलिटिकल फिल्म। उनके भारतीय यजमान और दूसरे सुनने वाले हैरान-परेशान कि बॉबी पॉलिटिकल फिल्म? सोचा गया शायद विदेशी होने के कारण फिल्म उनकी समझ में नहीं आई होगी, तब उन्हें कहा गया – यह फिल्म तो नई उम्र के एक छोकरे और छोकरी की इश्किया दास्तां है। इसमें पॉलिटिकल क्या है? तो विदेशी विचारक मुस्कराकर बोले – इससे बढ़कर पॉलिटिकल और क्या होगा कि जिस उम्र में पूरी दुनिया के छोकरे-छोकरियाँ – यूथ पॉवर और स्टूडेंट पॉवर के नाम से हड़कंप मचा, हुए, हैं, उस उम्र में इस फिल्म के हीरो-हीरोइन सिर्फ कमरे में बंद होकर चाबी खो देने में लगे हैं। इससे ज्यादा खतरनाक पॉलिटिक्स और क्या होगी?"

यह आपातकाल के दौर की बात है। आज का समय इससे ज्यादा खतरनाक है। मीडिया पर सत्ता और पूँजीवाद का साया है। इस पूरे खेल में साहित्य कोसों दूर है। या कहें कि साहित्य पूरी सभ्यता के किसी कोने में पड़ा हुआ है। लिखा जा रहा है, अच्छा लिखा जा रहा है पर उसकी आवाज सुनने के लिए न तो सत्ता तैयार है और न मीडिया।

इस संक्रमण युग में साहित्य को ज्यादा घबराने की आवश्यकता नहीं है। आज बड़ी संख्या में साहित्यिक पत्रिकाएं निकल रही हैं यह अच्छी बात है। पर इससे भी ज्यादा अच्छी बात है कि अपनी आवाज

उठाने के लिए सोशल मीडिया एक सशक्त माध्मय बनकर उभरा है। आज हर आवाज सोशल मीडिया के माध्यम से लोगों तक पहुंच रही है। सोशल मीडिया ने इलेक्ट्रॉनिक व प्रिंट मीडिया के दंभ को तोड़ा है। कई बार जो खबरें, जो सूचनाएं लोगों से, सत्ता छुपाने की कोशिश करती है, सोशल मीडिया पर वह वायरल हो रहा होता है। दबे, कुचले उपेक्षित हर किसी की आवाज बनकर सोशल मीडिया उभरा है। आज साहित्य के लिए भी सोशल मीडिया पर पर्याप्त स्पेस है। नई पीढ़ी के साहित्यकारों ने अपनी बात रखने के लिए ब्लॉग बना लिए हैं, वेबसाइट्स बना लिए हैं और तो और सोशल मीडिया पर अपनी आवाज बुलंद कर रहे हैं। यह अच्छी बात है, अच्छा संकेत है। व्यवसायिक मीडिया से अलग साहित्य के लिए सोशल मीडिया एक नया रास्ता है। सोशल मीडिया के जरिए बेहतर साहित्य पढ़ने को मिल रहा है। नए-नए लेखक जो शायद ही कभी सामने आ पाते उन्हें भी मौका मिल रहा है। उनका भी अपना पाठक वर्ग है।

एक वरिष्ठ पत्रकार ने कहा है – "एक बड़ी बात यह हुई कि सोशल मीडिया ने प्रिंट मीडिया और इलेक्ट्रॉनिक मीडिया के एकाधिकार को चुनौती दी है। कई ऐसे मुद्दे हैं, जिन्हें प्रिंट और इलेक्ट्रॉनिक मीडिया जगह नहीं देते और जानबूझ कर नजरंदाज करते हैं। पर सोशल मीडिया के कारण ऐसे मुद्दे उपेक्षित नहीं रह पाते। इसने हर शख्स को संवाददाता, पत्रकार और संपादक होने की हैसियत दे दी है। हमारे सामाजिक-सांस्कृतिक जीवन में किसी क्रांति से कम नहीं है। याद रखना होगा कि सोशल मीडिया भविष्य का माध्यम है।"

संचार माध्यमों का साहित्य से जुड़ाव जब से पत्र-पत्रिकाएं शुरू हुई, तब से है। व्यावसायिक कारणों से यह दूरी आज बढ़ गई है। पर एक बात ध्यान रखने की यह है कि भविष्य में साहित्य का मूल्यांकन मीडिया की वजह से नहीं होगा। साहित्य का अपना मूल्यांकन होगा और मीडिया का अपना। हाँ, वक्त की मांग थी कि आज भी यदि

दोनों एक दूसरे का सहयोग करते तो पाठकों को इसका अधिक लाभ हो सकता था। जिस प्रकार न्यूज चैनलों पर घटिया से घटिया फिल्मों का प्रमोशन कर दर्शक बटोरे जाते हैं क्या अच्छे साहित्य का प्रचार-प्रसार कर अच्छे पाठकों तक उनकी किताबें नहीं पहुंचाई जा सकती थीं? लेकिन फिल्मों के प्रचार-प्रसार के पीछे मीडिया का व्यवसायिक हित जुड़ा है जबकि यह हित साहित्य से कभी पूरा नहीं हो सकता। मीडिया और साहित्य के बीच जो दूरी है व्यवसायिक वजहों से अधिक है।

एक वरिष्ठ पत्रकार ने मीडिया के कारपोरेट का हिस्सा बन जाने पर चिंता व्यंक्त करते हुए, एक बार कहा था- "साहित्य हमारे बीच एक दूरदृष्टा की भूमिका निभा रहा है। ऐसे समय में जब हमारे लिए वर्तमान को समझ पाना दुष्कर हो रहा है वहाँ साहित्य हमें आगत को समझने में बेहतर मार्गदर्शन कर सकता है।"

मीडिया और साहित्य की यह दूरी एक मामले में अच्छी भी है। साहित्य को अपने बूते आज के समय से लड़ने का बेहतरीन मौका है। वह बिना मीडिया के सहारे, लोगों तक पहुंच कैसे बनाए, इस दिशा में सोचने की जरूरत है। एक वरिष्ठ साहित्यकार ने कहा - "आज मीडिया ने भाषाई संस्कारों को पूरी तरह से विकृत कर दिया है। बाजार ने हमारे भीतर की रचनात्मकता को भी नकली और सतही बनाकर रख छोड़ा है ऐसे में साहित्य एक रास्ता है जहाँ हम अपने मूल्यों को बना एवं बचा रख सकते हैं।"

निष्कर्षतः हम कह सकते हैं कि प्रत्येक परिवर्तन पहले विचार के रूप में जन्मता है, बाद में साहित्य के माध्यम से जनचेतना का हिस्सा बनता है और फिर मीडिया उसे जनांदोलन की शक्ल में प्रचारित-प्रसारित करता है। पत्र-पत्रिकाओं के बाद न्यूज चैनल्स और अब सोशल मीडिया इस काम को बखूबी निभा रहा है।

13

समाज मे मीडिया के सरोकार

– मो. माजिद मियां

जब इंसान धीरे-धीरे संगठित और समुदाय व समाज के रूप में रहने लगा, तब माध्यमों का जरिया भी विकसित और दृढ होता नजर आया। जिससे इनका कार्य क्षेत्र भी अलग-अलग, स्वतंत्र अध्याय और विषय के रूप में सत्ता स्थापित हो गई। वर्तमान समय में मीडिया अनेक रूप में हमारे सामने विद्यमान हैं। जैसे-जैसे औद्योगिक विकास व वैज्ञानिक उपलब्धियों के साथ-साथ वैश्विक अंतर्संबंधों के बदलते समीकरण और बढ़ती सामरिक व्यापारिक, राजनीतिक, राजनयिक आकांक्षाओं के बीच संचार के माध्यमों को भी गति मिली। सर्वप्रथम मुद्रण मशीन का आविष्कार, टेलीग्राम की खोज तथा चार्ल्स हैवस द्वारा पहली समाचार एजेंसी की स्थापना, जगत में मील का पत्थर सिद्ध हुई। स्थलीय ट्रांसमीटर के पश्चात भूमिगत केबल और उपग्रह व्यवस्था ने संचार को आयाम दिए, जिसने संचार माध्यमों की काया पलट दी और भिन्न-भिन्न भांति से मीडिया का प्रभाव बढ़ा। आजादी के आसपास टी.वी. प्रसारणों की शुरुआत के साथ ही इनकी गुणवत्ता बढाने के लिए कई चैनल, माध्यम का जरिया बने। अब तो इन्टरनेट टी.वी. भी

बाजार में उपलब्ध हैं। इन्टरनेट ने तो संचार माध्यमों में चार चाँद लगाने का काम किया, जो 80 के दशक में अवतरित हुआ और 90 के दशक में 'वर्ल्ड वाइड वेब' के जरिए इन्टरनेट पर ग्राफिक्स संभव हो गए। भारत में आज करीब 50 लाख लोग इन्टरनेट का इस्तेमाल करते हैं। इन्टरनेट के जरिए विभिन्न वेबसाइट के माध्यम से भौतिक जगत की समस्त सूचनाएं उपलब्ध हैं तथा साथ ही ई-मेल और चैटिंग के जरिए अज्ञात व्यक्तियों के साथ बातचीत और मनोरंजन भी किए जा सकते हैं। कम्प्यूटर के माध्यम से जिन संचार सुविधाओं का पोषण हुआ, उनमें ऑडियो-कांफ्रेंसिंग, वीडियो-कांफ्रेंसिंग, टेली-कांफ्रेंसिंग, रेडियो-टेक्स्ट, वीडियो-टेक्स्ट, टेली-टेक्स्ट जैसी आधुनिकत्तम सूचना प्रणाली भी शामिल है। सम्प्रेषण, मुद्रण और प्रसारण के क्षेत्रों में हो रहे आविष्कार, प्रशिक्षण, उपग्रहों, बैंकों, कम्प्यूटर और अंतर-महाद्वीपीय प्रकृति में वस्तुतः पत्रकारिता जगत में अद्‌भुत क्रान्ति मचा दी है। आज कंप्यूटर क्रान्ति से पत्रकारिता की काया पलट गयी है। वीडियो की वजह से घर-घर में मनोनुकूल फिल्में तैयार हो रही हैं, घर का हर सदस्य अभिनेता बन रहा है, अपनी ही कहानी का स्वमेव फिल्मांकन हो रहा है। उसी प्रकार वह दिन दूर नहीं जब प्रत्येक व्यक्ति पत्रकार होगा, उसका अपना पत्र होगा, समाचार के लिए कोई अन्याश्रित नहीं होगा। केन्द्रीय स्थल से समाचार पत्र घर-घर में 'टेली-व्यू' के कारण उपलब्ध होगा। 'टेली-व्यू' के बटन को दबाकर हम समाचार, व्यापार जगत, खेल समाचार के बारे में जानकारी प्राप्त कर सकेंगे।

लोक कल्याण, मनोरंजन तथा राष्ट्र निर्माण के साथ समाचार-पत्रों के तीन प्रमुख कर्तव्य माने जाते हैं, उनमें जनमत को प्रदर्शित करना, जनमत को तैयार करना तथा जनमत का मार्ग निर्देशन करना। परन्तु वर्तमान समय में भी मीडिया का दायित्व बदलता नजर आ रहा है। जिसे वरिष्ठ पत्रकार राकेश दीवान के कथन से आसानी से समझा जा सकता है, "आज मीडिया संस्थानों में काम करने वाले अपने

अधिकांश साथियों को गाड़ियों पर प्रेस लिखवाकर घूमते देखता हूं तो यह आशंका बलवती हो जाती है कि मीडिया के नाम पर हमें पुलिस परेशान नहीं करती, सरकारी दफ्तरों में आसानी से काम हो जाता है, डॉक्टरों की क्लीनिक में नंबर नहीं लगाना पड़ता, बच्चों के एडमिशन में सहूलियत मिल जाती है, सारे नेता अधिकारी हमसे एक फोन की दूरी पर होते हैं। ये तो सामान्य सहूलियतें हैं। कई पत्रकार तो ऐसे भी होते हैं, जिन्हें थानों से बंधी-बंधाई रकम मिलती है। वे इतने प्रभावशाली होते हैं कि छोटे-मोटे सरकारी कर्मचारी का तबादला करवाने में भी मदद कर देते हैं। वे अपने प्रभाव का इस्तेमाल अपने या अपने किसी परिचित के पक्ष में सरकारी टेंडर हासिल करने तक में करते हैं।" आज एक पत्रकार/सम्पादक अपनी पत्रकारिता के प्रति प्रतिबद्धता को कहीं-कहीं नजरअंदाज कर व्यवसायिकता और सरकारिता की तरफ उन्मुख होता नजर आ रहा है। मीडिया समाज की दशा और दिशा बदलने में सक्षम है। दुर्भाग्य से गरीब और विकासशील देशों में मीडिया की भूमिका आज भी खुलकर सामने नहीं आ पाई है। वहां मीडिया या तो ऊंची पहुंच वाले राजनीतिज्ञों अथवा तानाशाहों के दबाव में खुलकर सामने नहीं आ पाता या फिर उनकी विरुदावलियां गाने में ही अपना भला समझता है। कॉरपोरेट सेक्टर की चमक-दमक में चुंधियाया मीडिया, नीचे काश्तकार तबके के संघर्षों की कालिमा को नहीं देख पाता। मीडिया चाहे तो किसानों-मजदूरों को उनका हक दिला सकता है। बाजार का उतार-चढ़ाव और पूंजी का प्रवाह मजदूरों-किसानों के हाथों में हो सकता है। जरूरत है तो बस ईमानदार मीडियाकर्मियों की, जो व्यर्थ थूक उछालने की बजाय सामाजिक उद्देश्यों की पूर्ति के प्रति कटिबद्ध हों। वर्तमान समय में मीडिया, मजदूर, किसान या कोई भी ग्रुप जो विकास से दूर है, उसको मुख्यधारा में लाने तथा विकास में शामिल करने में दोहरी भूमिका अदा कर सकता है, बिलकुल एक पुल की तरह, जो सरकार और विकास से पिछड़े ग्रुप के बीच में हो, जहां

मीडिया सरकार या विकास की योजना बनाने वाले के लिए आंखे बनेगा, जो पिछड़े ग्रुप या विकास की धारा से दूर किसान, मजदूर वर्ग के पहचान कर सरकार की नजर में लायेगा, ताकि इस पिछड़े ग्रुप को भी विकास से रूबरू करवाया जा सके। वहीं पिछड़े व विकास से अछूते ग्रुप को विकास के फायदे और उससे उनके जीवन में क्या परिवर्तन होगा, उसकी जानकारी उन तक देगा। दोनों के मिसमैच को दूर करना मीडिया का कार्य होगा। मीडिया अपने इस डबल रोल को बखूबी प्ले करके बहुत से जीवन बदलने में मदद कर सकता है।

सूचना और तकनीक ने वर्तमान युग को एक नये मुकाम पर लाकर खड़ा कर दिया है। आज हम विश्व में घटित घटनाओं को सीधे अपने घर बैठे देख सकते हैं और देशी-विदेशी समाचारों के प्रदर्शन पर अपनी राय भी भेज सकते हैं। इन सबका श्रेय प्रत्यक्ष या अप्रत्यक्ष रुप से केवल जनसंचार के माध्यमों को जाता है। जो सामाजिक-संस्कृतिक परपंराओं व रूढियों की जटिलताओं का निस्तारण करते हुए एक नए समाज की स्थापना कर रहा है वह भी नैतिक मूल्यों के साथ। लोगों की जीवन शैली में जो परिवर्तन आया है, वह मीडिया परिवर्तन का ही फल है। आज का व्यक्ति भले ही अभावों में जी रहा है, पर वह किसी न किसी रुप में मीडिया के माध्यम से हर अच्छे व बुरे पहलू को समझ रहा है। अगर मीडिया इतनी प्रभावी नही होती तो सूचना इतनी तेजी से नही पहुँच पाती। मीडिया लोकतंत्र के चौथे स्तम्भ के रूप में समाज को मजबूत दशा और दिशा प्रदान कर रहा है। जनहित की रक्षा के लिए सरकार पर नियंत्रण रखते हुए लोकतात्रिंक प्रक्रिया को मजबूती प्रदान करने का कार्य मीडिया ही कर रही हैं। वर्तमान समय में वैज्ञानिक चेतना के विकास के साथ अन्य क्षेत्रों का विकास हो रहा है, जिससे खेती और परिवार कल्याण जैसे कार्यक्रमों को प्रोत्साहन मिल रहा है। आज खेल

का मैदान भी मीडिया से अछूता नही रहा है। इसके द्वारा खेलों की जानकारी के साथ-साथ देशी तथा विदेशी खेल भावना का विकास हो रहा है। आज महत्वर्पूण तथ्यों की जानकारी एवं स्वास्थ्य के प्रति जागरूकता का श्रेय मीडिया को जाता है। ग्लोबल वार्मिंग के इस दौर में पिछले एक दशक से जिस उपभोक्तावादी संस्कृति ने जन्म लिया है, उसका प्रभाव आज पूरे विश्व में देखने को मिल रहा है। समाचार चैनल आज उन्हीं समाचारों को दिखाने में ज्यादा रूचि लेते हैं, जिन्हे दर्शक देखना पंसद करते हैं। भले ही हमारे दिलों-दिमाग पर उसका कैसा भी असर पडे। आज भारत की जनता जहां अस्सी प्रतिशत मीडिया की बातों को सच मानकर चलती है। ऐसे में लोगों की भावनाओं से खेलना मीडिया का अपने कर्तव्य से भटकना माना जाएगा। व्यावसायिक प्रतिस्पर्धा की दौड़ में खबर को मसालेदार और चटपटा बनाने ही होड़ में सच्चाई को तोड़मरोड़ कर प्रस्तुत करना अब समाचार चैनलों के लिए आम बात हो गई हैं। विज्ञापन की अधिकता जहां मीडिया के सकारात्मक प्रभावों को कम कर रही है। जिसके कारण तीस मिनट के कार्यक्रम में सत्रह से उन्नीस मिनट विज्ञापन में ही चले जाते हैं। वही एक समाचार को पूरे दिन चलाना, जैसे चैनलों के लिए आम बात हो गई है। उन्हें समय के साथ-साथ समाचारों व विज्ञापन प्रदर्शनों में अपनी गुणवता व अपनी मान मर्यादाओं का ख्याल भी रखना चाहिए ताकि समाज पर बुरा असर नहीं जाए। लोकतंत्र में कार्यपालिका, न्यायपालिका, व्यवस्थापिका के समुचित ढंग से कार्य नही करने पर लोकतंत्र के चौथे स्तम्भ मीडिया को अपनी सकारात्मक भूमिका निभानी चाहिए। आज का सबसे बड़ा सरोकार है, नकारात्मक भूमिका से सकारात्मक भूमिका में परिवर्तन। मीडिया की भूमिका जितनी सशक्त होगी उतना ही सकारात्मक सामाजिक परिवर्तन होगा।

अपनी शुरूआत के दिनों में पत्रकारिता हमारे देश में एक मिशन के रूप में जन्मी थी। जिसका उद्देश्य सामाजिक चेतना को और

अधिक जागरूक करने का था, तब देश में गणेश शंकर विद्यार्थी जैसे युवाओं की सामाजिक, सांस्कृतिक एवं राजनीतिक आजादी के लिये संघर्षमयी पत्रकारिता को देखा गया, कल के पत्रकारों को न यातनाएं विचलित कर पाती थीं, न धमकियां। आर्थिक कष्टों में भी उनकी कलम कांपती नहीं थी, बल्कि दुगुने जोश के साथ अंग्रेजों के खिलाफ आग उगलती थी, स्वाधीनता की पृष्ठ भूमि पर संघर्ष करने वाले और देश की आजादी के लिये लोगों में अहिंसा का अलख जगाने वाले महात्मा गांधी स्वयं एक अच्छे लेखक व कलमकार थे। महामना मालवीय जी ने भी अपनी कलम से जनता को जगाने का कार्य किया। तब पत्रकारिता के मायने थे देश की आजादी और फिर आजादी के बाद देश की समस्याओं के निराकरण को लेकर अंतिम दम तक संघर्ष करना और कलम की धार को अंतिम दम तक तेज रखना। इसका अंदाजा आज केवल एक उदाहरण सा लगता है:- बात सन् 1907 की है, तब देश भर में "स्वदेशी आंदोलन" चल रहा था, उसी दरम्यान इलाहाबाद से श्री शांति नारायण भटनागर ने अपनी जमीन-जायदाद बेच कर "स्वराज्य" नामक अखबार निकाला और अंग्रेजों के खिलाफ कलम की धार को उग्र किया, उन्हें 3 वर्ष के लिये कैद की सजा तथा जुर्माना ना पटाने पर 6 माह अतिरिक्त सजा मिली। इसके बाद "स्वराज्य" के सम्पादक हुए, श्री रामदास (प्रकाशानंद सरस्वती), इनके बाद बाबू रामहरि। इसके बाद तो यह सिलसिला चलता ही रहा एक सम्पादक गिरफ्तार होता तो दूसरा उसकी जगह ले लेता, इसी क्रम में बाबू रामहरि को 21 वर्ष की कैद, मुंशी रामसेवक को अण्डमान में कैद, नन्द गोपाल चोपड़ा को 30 वर्ष देश से निर्वासन की सजा, लद्धा राम कपूर ने तीन अंक ही निकाला था कि उन्हें भी 30 वर्ष की कालेपानी की सजा हुई। इसके बाद अमीर चन्द बम्बवाल ने स्वराज्य का प्रकाशन शुरू किया। अमीर चन्द बम्बवाल ने अखबार में विज्ञापन दिया कि "सम्पादक चाहिए, वेतन - दो सूखी रोटियां, गिलास भर पानी और हर सम्पादकीय

लिखने पर दस वर्ष के कालेपानी की सजा।" इसके बाद भी एक-एक कर आठ सम्पादक और हुए, जिन्हें कुल 125 वर्ष कालेपानी की सजा दी गई, लेकिन इसके बावजूद स्वराज्य का प्रकाशन निरंतर जारी रहा और आमजनों में आजादी के जिये जागरूकता का संचार लगातार होता रहा। लेकिन आज के इस दौर में पत्रकारिता कहां पर है और आमजनों को उनकी समस्या का हल कौन देगा? यह बताने वाली पत्रकारिता अपने आप से आज यह सवाल पूछ रही है कि मैं कौन हूँ? आज देश आतंकवाद, नक्सलवाद जैसी गंभीर समस्याओं से जूझ रहा है, लेकिन इससे निपटने के लिये आमजनों को क्या करना चाहिए, सरकार की क्या भूमिका हो सकती है, सहित कई मुद्दों पर मीडिया आज मौन रूख अख्तियार किये हुये है। लेकिन वहीं दूसरी ओर आतंकी गतिविधियों से लेकर नक्सली क्रूरता को लाइव दिखाने में भी यह मीडिया पीछे नहीं है, यहां तक की आज सर्वप्रथम किसी खबर को दिखाने की होड़ में मीडिया के समक्ष आतंकी व नक्सली हमले के तुरंत बाद ही हमला करने वाले कमाण्डर व अन्य आरोपियों के फोन व ई-मेल तक आ जाते हैं। न्यूज चैनलों से लेकर अखबारों में आतंकियों व नक्सलियों के इण्टरब्यू छप जाते हैं। लेकिन गौर करने वाली बात यह है कि बार-बार व प्रतिदिन इस समाचार को दिखाने व छापने से फायदा किसका होता है, आम जनता का, पुलिस का, नक्सली व आतंकी का या फिर मीडिया घरानों का। निश्चित रूप से इसका फायदा मीडिया व इन देशद्रोही तत्वों को होता है, जिन्हें बिना किसी कारण से बढ़ावा मिलता है, क्योंकि बार-बार इनको प्रदर्शित करने से आमजनों व बच्चों में संबंधित लोगों के खिलाफ खौफ उत्पन्न हो जाता है और ये असामाजिक तत्व चाहते भी यही हैं। इसलिये आज जरूरी है कि मीडिया और इसको चलाने वाले ठेकेदारों को यह तय करना होगा, कि मीडिया ने सामाजिक सरोकारों को दूर करने में कितनी कामयाबी हासिल की है, यह उन्हें खुद ही देखना व समझना होगा। ऐसा भी नहीं है कि मीडिया ने सामाजिक

सरोकारों को एकदम से अलग कर दिया है लेकिन लगातार मीडिया की भूमिका कई मामलों में संदिग्ध सी लगती है। कई विषयों जहां पर उन्हें न्याय दिलाने की जरूरत होती है एवं लोगों को मीडिया से यह अपेक्षा होती है, कि मीडिया के द्वारा उनकी मांगों व समस्याओं पर विशेष ध्यान देते हुए, समस्या का समाधान किया जायेगा, ऐसे कई मौकों पर मीडिया की भूमिका से लोगों को काफी असहज सा महसूस होता है। कभी-कभी तो ऐसा भी महसूस किया जाता है कि कुछ मीडिया, घराना मात्र किसी एक व्यक्ति, पार्टी व संस्था के लिये ही कार्य कर रही है, अतः मीडिया को एक बार फिर से ठीक उसी तरह निष्पक्ष होना पड़ेगा, जिस तरह आजादी के पहले व अभी कुछ आंदोलनों में जनता के साथ देखा गया।

वर्तमान समय में यह सब मीडिया क्यों नही कर रहा है, इन सबके पीछे वस्तुस्थिति क्या है, इनके विलाप प्रवचन और आत्माधिकार की राज-सत्ता शक्तियां और हिंदी प्रेस के आर्थिक रिश्तों को वैज्ञानिक नजरिए से समझना और विश्लेषित करना जरुरी हो जाता है। निःसंदेह स्वतंत्रता के बाद आरंभिक वर्षों में मीडिया स्वतंत्रतापूर्ण मूल्यों से प्रेरित थी। काफी हद तक उसमें अपने मिशन की भावना थी। उस समय 'माध्यम से ही संदेश' के गुरुमंत्रानुसार प्रेरित रहती थी। सामाजिक दायित्व व मूल्यों की प्रतिबद्धता तथा मालिकों के बीच बिलगाव जैसा कोई काँटा नहीं उभरा था। यह वह दौर था जब राजनीति सत्ता प्राप्ति से नहीं, वैचारिक शुद्धता और विचारात्मक प्रतिबद्धता से प्रेरित हुआ करती थी, परंतु वर्तमान दौर में मीडिया का स्वरूप और दायित्व में बदलाव दिखलायी दे रहा है। आज मीडिया अपने संरक्षकों को ज्यादा महत्त्व देने के साथ अपने दायित्वों की उपेक्षा करता नजर आ रहा है। वर्तमान समय में व्याप्त गंदी राजनीति को आधार बनाकर मीडिया ज्यादा से ज्यादा बदलती सरकार के प्रति प्रतिबद्धता जाहिर कर रहा है, जो उनके मूल्य और दायित्व दोनों

में परिवर्तन का सूचक है। साथ ही मीडिया अपने मुख्य उद्देश्य के साथ-साथ जनता के प्रति दायित्व को छोड़कर व्यवसायीकरण की आड़ में फंसता नजर आ रहा है। जो स्वयं मीडिया और देश के लिए खतरा साबित हो सकता है। इस व्यवसायिकता को हम प्रोफेशनलिज्म कह सकते हैं। ये हिंदी पत्रकारिता के बजाय अंग्रेजी पत्रकारिता में अधिक मुखरित हुआ। उदाहरण के तौर पर टाइम्स ऑफ इंडिया और हिन्दुस्तान टाइम्स के प्रकाशनों को माध्यम मानकर स्वीकार कर सकते हैं कि इन दोनों की इलस्ट्रेड वीकली में जो व्यवसायिकता छठें, सातवें, आठवें दशक में रही उसकी तुलना में नव भारत टाइम्स और दैनिक हिन्दुस्तान में देखने को नहीं मिलती। आज यह व्यवसायिकता और भी घटिया दर्जे की जुबान में लाइजनिंग तक भी पहुँच चुकी है। वर्तमान पत्रकारिता से यह अपेक्षा की जाती है कि वह व्यापारिक घरानों के लिए लाइजनिंग का हथियार बने। इस प्रतिकूल परिस्थिति से निबटने के लिए यह आवश्यक हो जाता है कि मीडिया अपने दायित्वों को न भूले और अपने निर्धारित लक्ष्यों को आधार बनाकर कार्य को गति देवे तथा साथ ही सरकार का यह दायित्व हो जाता है कि मीडिया को कुछ हद तक स्वतंत्रता देवे, जिससे वह अपनी उचित भागीदारी निभा सके तथा मीडिया का दिशाभ्रमित होते ही उसका सही मार्गदर्शन व दिशा निर्देशन अपेक्षित हो जाता है।

संदर्भ ग्रंथ

1. मीडिया विमर्श, रामशरण जोशी।
2. मीडिया समकालीन सांस्कृतिक विमर्श, सुधीर पचौरी।
3. जन माध्यम और भारतीय संस्कृति, धरवेश कठेरिया।
4. मीडिया और हिंदी साहित्य, राजकिशोर।
5. हिंदिया पत्रकारिता, महेंद्र कुमार मिश्रा।
6. 'मीडिया के मानक और लोग' विषय पर राष्ट्रीय मीडिया संवाद 12-14 मार्च 2010 महेश्वर मध्य प्रदेश।

14

लोकतन्त्र में मीडिया और न्याय-व्यवस्था के परिप्रेक्ष्य में नारी की स्थिति

– डॉ. मीरा शर्मा

मानव सृष्टि मुख्य रूप से दो वर्गों में विभक्त है-पुरुष और महिला। यद्यपि ये दोनों शारीरिक और मानसिक दृष्टि से भिन्न-भिन्न हैं किन्तु इस भिन्नता के बावजूद भी ये दोनों एक दूसरे के पूरक माने जाते हैं; लेकिन जब उसी पूरक माने जाने वाले पुरुष के साथ महिला असुरक्षित महसूस करने लग जाए तो समाज में पूजनीय मानी जाने वाली महिला की सुरक्षा खतरे में पड़ जाती है। वस्तुतः किसी भी देश की सभ्यता और संस्कृति का ज्ञान, मानव समाज में नारी की स्थिति से ही ज्ञात होता है।

प्राचीन संस्कृत ग्रन्थों में नारी के महत्त्व के विषय में अत्यन्त महत्त्वपूर्ण वचन मिलते हैं, यथा-

ऋग्वेद में कहा गया है- 'जायेदस्तम्'[1] (III 53/4) अर्थात् जाया (पत्नी) ही घर है अर्थात् घर का अस्तित्व पत्नी के ही कारण होता है।

महाभारत में भी कहा गया है – 'न गृहं गृहमित्याहुः गृहिणी गृहमुच्यते'।[2] (शान्ति 144/6)

मनु का भी यही मानना है– 'स्त्रियश्च श्रियश्च गेहेषु न विशेषोऽस्ति कश्चन'।[3] (IX 26)

स्त्री को पुरुष का अर्धाङ्ग बताते हुए शतपथ ब्राह्मण कहता है– 'अर्धो ह वा एष आत्मनो यज्जाया तस्माद् यावज्जायां न विन्दते नैव तावत्प्रजायते असर्वो हि तावद् भवति'[4] (V 2/1/10)

महाभारत इससे भी आगे बढ़कर कहती है–
'अर्धभार्या मनुष्यस्य भार्या श्रेष्ठतमः सखा। भार्या मूलं त्रिवर्गस्य भार्या मूलं तरिष्यतः'[5] (आदिपर्व, 74/40)

मनु का तो यहाँ तक कहना है कि जिस घर में स्त्रियों की पूजा की जाती है वहाँ देवता रमण करते हैं अर्थात् उस कुल में दिव्य गुण, दिव्य भोग और उत्तम सन्तान होते हैं, इसके विपरीत जहाँ इनकी पूजा नहीं होती है, वहाँ यज्ञादि सारी क्रियाएं निष्फल हो जाती हैं।

'यत्र नार्यस्तु पूज्यन्ते रमन्ते तत्र देवताः।
यत्रैतास्तु न पूज्यन्ते सर्वास्तत्राफलाः क्रियाः'।।[6]

–(मनुस्मृति III 56)

भवभूति ने भी उत्तररामचरितम् में कहा है–
'गुणाः पूजास्थानं गुणिषु न च लिङ्ग न च वयः'। अर्थात् किसी का सम्मान या आदर उसके गुणों के कारण होना चाहिए; न कि उसके लिंग और आयु के कारण।

जो नारी समाज का महत्वपूर्ण हिस्सा है, जो पुरुष के प्रत्येक कार्य की सहभागिनी है, जो सम्पूर्ण परिवार को संजोए रखती है। जब उसी औरत का सामाजिक स्तर पर अवलोकन किया जाता है तब वह हमें जीवन के मानचित्र पर महत्वपूर्ण रूप में नहीं; अपितु एक गौण रूप

में नजर आती है, जो किसी भी विषय में स्वतन्त्ररूपेण निर्णय लेने में असमर्थ है। जीवन के सारे उत्तरदायित्वों को सहन करने में समर्थ होने पर भी (नारी की सहनशक्ति के कारण इसकी तुलना पृथ्वी से की जाती है), नारी की स्थिति समाज में अत्यन्त दुर्बल नजर आती है; यद्यपि नारी एक शक्ति का रूप है चाहे वह शिव की पार्वती के रूप में हो, चाहे विष्णु की लक्ष्मी के रूप में हो; यहाँ तक कि राधा भी कृष्ण की मात्र प्रेमिका नहीं अपितु आह्लादिनी शक्ति के रूप में हैं। यहाँ तक कि ब्रह्म जो सम्पूर्ण सृष्टि के परमतत्त्व या मूल आधार माने जाते हैं वे भी बिना मायारूपी शक्ति के जगत् का निर्माण करने में असमर्थ हैं। इस प्रकार प्रकृति और पुरुष के संयोग से ही जगत् की सृष्टि संभव है। वस्तुतः नारी के बिना समाज की कल्पना नहीं की जा सकती। इस प्रकार मानव समाज में इतना महत्त्वपूर्ण स्थान रखने वाली महिला जब हेय दृष्टि से देखी जाती है तो यह समाज की विडम्बना ही है।

लोकतन्त्र में नारी और मीडिया

नारी और मीडिया के बीच में एक महत्त्वपूर्ण सम्बन्ध है। आज के माहौल में यदि कोई सही ढंग से महिलाओं की सुरक्षा और सशक्तिकरण में अपनी भूमिका निभा सकता है तो वह है मीडिया। जो महिलाओं को उनके कर्तव्यों और अधिकारों के ज्ञान के साथ-साथ उन्हें अपने हक के लिए भी लड़ना सिखाती है। यदि महिलाओं के इस संघर्ष में मीडिया उनकी आवाज बन जाए तो शायद वह समस्या जनमानस से जुड़कर इतनी बड़ी बन जाए कि सब मिलकर उसका निदान निकाल लें।

कई स्थलों पर महिला के सशक्तिकरण में मीडिया अपना महत्त्वपूर्ण स्थान निभाती है जैसे भारत के कई ग्रामीण व पिछड़े इलाकों में औरतों के साथ जो गलत व्यवहार होता है उसको लोगों

के सामने लाकर, उन होने वाले अपराधों के प्रति आम जनता को जागरुक करती है। इस प्रकार मीडिया के कारण लोग समाज में नारी के प्रति होने वाले अन्याय, अत्याचार की स्थिति से अवगत हो पाते हैं। इसके अतिरिक्त मीडिया में नारी-सशक्तिकरण के भी कई कार्यक्रम दिखलाए जाते हैं, जिनमें नारी के अधिकारों, उनसे सम्बन्धित महत्त्वपूर्ण तथ्यों पर भी प्रकाश डाला जाता है।

जहाँ एक तरफ मीडिया के द्वारा नारी के सशक्तिकरण पर विशेष बल दिया जाता है, वहीं दूसरी ओर मीडिया पर चित्रित होने वाले बिंदुओं से नारी की छवि सशक्त नहीं; अपितु और भी धूमिल या दुर्बल बन जाती है, जैसे टेलीविजन पर आने वाले नाटकों में से कितने नाटक नारी की उच्च शिक्षा, समाज में उसकी ऊँची स्थिति को दर्शाते हैं, वरन् नाटकों में केवल नारी को घर की चारदीवारी में बंद करके सास-बहु, जेठानी, देवरानी जैसा खेल करते हुए ही दिखाया जाता है, न कि वहाँ नारी का समाज में कोई उत्कर्षता से युक्त स्थान दिखलाया जाता है। यद्यपि नाटक स्त्री प्रधान होते हैं लेकिन जहाँ उनमें एक तरफ स्त्री का घरेलू रूप उत्तम रीति से दिखाया जाता है वहीं दूसरी ओर स्त्री का अत्यन्त बुरा रूप भी दिखलाया जाता है।

इसके अतिरिक्त कितनी फिल्में ऐसी हैं जिनमें नायिकाओं की भूमिका पुरुष-पात्र अर्थात् नायकों की अपेक्षा प्रबल हैं? अर्थात् महिला सशक्तिकरण को लक्ष्य में रखकर कितने नाटक और फिल्में बनाई जाती हैं। यद्यपि 'अकीरा', 'मेरी कॉम', 'नो वन किल्ड जेसिका' 'पिंक' ऐसी कुछ फिल्में हैं जो स्त्री-पात्रों पर ही केन्द्रित हैं, लेकिन पुरुषों की भूमिका प्रधान-फिल्में फिर भी संख्या में अधिक हैं। 'पिंक' जैसी फिल्म में महिला सम्बन्धित कुछ महत्त्वपूर्ण बिंदुओं पर प्रकाश डाला गया है जैसे 'नो मीन्स नो', 'हंसी तो फंसी', 'दारु पीना अच्छी लड़कियों की पहचान नहीं है लेकिन दारु पीना खानदानी लड़कों की पहचान है, लड़की और लड़के अच्छे दोस्त क्यों नहीं हो

सकते? जैसे महत्त्वपूर्ण सामाजिक मुद्दों पर ध्यान केन्द्रित करने का प्रयास किया गया है। किन्तु प्रश्न यह है कि नारी के मुद्दों पर ध्यान आकृष्ट करने वाली ऐसी फिल्में संख्या में कितनी हैं, यानि बहुत ही कम है। सचमुच, इससे ज्ञात होता है कि मीडिया पर भी भारत के पुरुषप्रधानत्व या पितृसत्तात्मक व्यवस्था (समाज) का बहुत बड़ा प्रभाव है। यहाँ तक कि भरतमुनि ने नाट्यशास्त्र में भी नायिकाओं का वर्गीकरण उनकी अवस्था, शारीरिक सुन्दरता को दृष्टि में रखते हुए ही किया है, जैसे- मुग्धा, मध्या, प्रगल्भा; जबकि नायकों का विभाजन उनके गुणों के आधार पर किया गया है जैसे धीरप्रशांत, धीरललित, धीरोदात्त, धीरोद्धत, जो धैर्य, वीर, गम्भीर, शांत, कलाओं में निपुण आदि गुणों से निपुण हैं। प्रतीत होता है कि उसी का प्रतिबिम्ब आज के नाटकों और फिल्मों में भी दिखाई देता है।

कहने का भाव यह है कि मीडिया में खबरों का माध्यम चाहे अखबार हो, चाहे टेलीविजन (न्यूज चैनल) हो या सोशल मीडिया (फेसबुक या वहट्सऐप) हो, वहाँ केवल मनोरंजन की दृष्टि से ही महिलाओं की खबरों को देखा जाता है न कि समाज में विद्यमान एक गम्भीर समस्या के रूप में।

सोशल मीडिया जैसे फेसबुक या वहट्सऐप पर हम हमेशा देखते हैं कि महिलाओं, लड़कियों को यह हिदायत दी जाती है कि वे वहाँ पर डीपी (प्रदर्शित चित्र) अर्थात् प्रोफाइल फोटो नहीं लगाएं क्योंकि उनका दुरुपयोग हो सकता है और होता भी है। दूसरा जो हिदायतें दी जाती हैं उनमें बड़े स्पष्ट रूप से लिखा होता है कि स्त्रियाँ न लगाएं, वहाँ पुरुषों की तो कोई बात नहीं करता। ऐसी बंदिशें हमारा समाज केवल स्त्रियों के लिए ही क्यों निर्धारित करता है, पुरुषों के लिए नहीं। मेरे खुद की दो शिष्याओं (स्टूडेन्ट्स) ने मुझे बताया कि कैसे उनकी तस्वीर लेकर, एक दूसरी प्रोफाइल फेसबुक पर बनाई गई जिसका दुरुपयोग किया जा रहा था, इसको साईबर क्राइम भी कहते

हैं। इस साईबर क्राइम की तादात महिलाओं के साथ ज्यादा है, पुरुषों के साथ नहीं-आखिर ऐसा क्यो? क्योंकि ये सब प्रतिक्रियाएं समाज में महिलाओं के प्रति बीमार मानसिकता का परिणाम है।

मीडिया पर दिखलाए जाने वाले नारी सशक्तिकरण, नारी उत्थान सम्बन्धी कार्यक्रम कम हैं, किन्तु इनकी अपेक्षा नारी की दुर्दशा को बतलाने वाले कार्यक्रम अत्यन्त रोचक ढंग से, मिर्च मसाला लगाकर ज्यादा दिखलाए जाते हैं जैसे रेप के मामले, मर्डर के मामले, भ्रूण हत्या और दहेज उत्पीड़न के मामले, स्त्रियों का मानसिक-शारीरिक शोषण, उनके अधिकारों के हनन सम्बन्धी मामले आदि। मीडिया से विनती है कि यदि नारी की दुर्दशा को बतलाने वाले कार्यक्रमों की अपेक्षा, नारी के सशक्तिकरण सम्बन्धी कार्यक्रम जैसे नारी के रोजगार, शिक्षा, उनके अधिकार, उनके लिए बने हुए सुरक्षा सम्बन्धी कानून जैसे प्रेरणादायक कार्यक्रम, यदि ज्यादा और बार बार दिखलाए जाएं तो उससे पहला फायदा तो यह होगा कि जिन नारियों में अपने अधिकार, अपने आत्मसम्मान सम्बन्धी जागृति नहीं है उनमें वह जागृति आएगी। दूसरा, मीडिया इस प्रकार सही मायने में या सच्चे अर्थों में नारी सशक्तिकरण को बढ़ावा दे पायेगी।

लोकतन्त्र में नारी और न्याय-व्यवस्था

नारी के साथ न्याय का जहाँ तक सम्बन्ध है, न्याय की देवी के हमेशा आँखों पर पट्टी बंधी हुई होने के कारण, भारत की न्याय-व्यवस्था स्वयं अपने लिए एक प्रश्न लिए खडी हुई है क्योंकि उसके पीछे एक भावना बड़ी प्रबल है और वो यह है कि चाहे सौ अपराधी छूट जाएं लेकिन एक निरपराध को सजा नहीं होनी चाहिए, लेकिन ऐसा करने पर छूटे हुए जो सौ अपराधी अपराध फैलाते हैं उनका असर समाज पर क्या पड़ता है यह आज हम सब देख ही रहे हैं। यह न्याय व्यवस्था स्त्रियों के लिए और भी बदतर हो जाती है जैसा कि

आजकल हम समाज में स्त्रियों के प्रति होने वाले अपराधों को देख रहे हैं; इन अपराधों का न्याय व्यवस्था द्वारा दण्ड न मिलने पर ये दिनोदिन बढ़ते जा रहे हैं यहाँ तक कि इन अपराधों की दर इतनी हो चुकी है जिसके आंकड़े अचम्भित करने वाले हैं....Hindustan Times (15th march, 2017) की एक रिपोर्ट के अनुसार, समाज में दिन-प्रतिदिन महिलाओं के प्रति अपराध बढ़ते चले जा रहे हैं। National Crime Records Bureau के हाल ही के आंकड़ों के अनुसार महिलाओं के प्रति अपराधों की दर 2011 से लेकर 2015 तक 41.7% जव 53.9% तक बढ़ चुकी है। इनमें 3,27,394 केसों (मामलों) की केवल 2015 में रिपोर्ट की गई, जिनमें रेप के मामले-34,651, अपहरण के 59,277, दहेज उत्पीड़न-7,634 और बहुत ज्यादा संख्या में घरेलू हिंसा के 1,13403 मामले थे। ये तो केवल वो मामले हैं जिनकी रिपोर्ट दर्ज कराई गई है, न जाने इतनी संख्या में या हो सकता है कि इससे भी ज्यादा ऐसे अभी कितने मामले हैं जो कभी दर्ज ही नहीं कराये गये हों। इससे ज्ञात होता है कि साल दर साल महिलाओं के प्रति अपराधों की संख्या समाज में बढ़ती चली जा रही है।

अधिकारों का मिलना और अपराधों का दण्ड मिलना दोनों ही न्याय के विषय हैं। यही कारण है कि स्त्रियों और अधिकारों की लड़ाई आज कोई नूतन विषय नहीं है अपितु यह विषय तो प्राचीनकाल से ही चला आ रहा है। प्राचीन याज्ञवल्क्यस्मृति के अनुसार दाय-भाग[7] के अन्तर्गत सम्पत्ति के विभाजन में स्त्रियों के भाग और स्त्री-धन की भी चर्चा की गई है। उनके अनुसार पिता, माता, पति या भाई द्वारा दिया गया धन, विवाह के समय अग्नि के समीप प्राप्त धन तथा पति के द्वारा अन्य स्त्री से विवाह के समय प्राप्त धन, स्त्री-धन कहे जाते हैं। स्त्री के माता पिता के बन्धुओं द्वारा दिया गया धन, परिणय के शुल्क के रूप में दिया गया धन, विवाह के बाद पति तथा पितृकुल

से प्राप्त धन भी स्त्री-धन कहलाता है।[8] इस प्रकार स्त्री-धन छः प्रकार का होता है-

1. अध्ययग्नि स्त्रीधन=विवाह के समय अग्नि के सामने जो धन स्त्री को दिया जाता है।
2. अध्यावहनिक स्त्रीधन=पति के घर जाते समय विदा होते हुए जो कुछ स्त्री अपने पिता के घर से पाती है।
3. प्रीतिदत्त स्त्रीधन=श्वसुर या सास द्वारा स्नेह से जो कुछ दिया जाता है और श्रेष्ठ जनों को वन्दन करते समय उनके द्वारा जो कुछ प्राप्त होता है
4. शुल्क स्त्रीधन - जो बरतनों, भारवाही, पशुओं, दुधारू पशुओं, आभूषणों और दास दासियों के रूप में प्राप्त होता है
5. अन्वाधेय स्त्रीधन=विवाहोपरान्त पतिकुल और पितृकुल के बन्धुजनों से जो कुछ प्राप्त होता है।
6. आधिवेदनिक स्त्रीधन=पति द्वारा अन्य स्त्री से विवाह के समय जो कुछ प्राप्त होता है।

इसके अतिरिक्त 'सौदायिक स्त्रीधन' भी है जो विवाहित स्त्री या कुमारी को अपने पति या पिता के घर में मिलता है या भाई से या माता पिता से प्राप्त होता है। सौदायिक स्त्रीधन पर स्त्रियों का स्वतंत्र अधिकार होता है, क्योंकि वह धन उनके सम्बन्धियों द्वारा इसलिए दिया जाता है कि वे दुर्दशा को न प्राप्त हो सके। ऐसा कहा गया है कि विक्रय या दान में सौदायिक सम्पत्ति पर स्त्रियों का पूर्ण अधिकार है। पति या पुत्र और पिता या भाईयों को किसी स्त्री के स्त्री-धन को व्यय करने का अधिकार नहीं है। कुछ परिस्थितियों में पति को सौदायिक स्त्री-धन पर अधिकार प्राप्त है; जैसे अकाल जैसी विपत्ति में, धार्मिक-कार्य, बीमारी में या ऋणदाता, राजा या शत्रु द्वारा बन्दी बनाये जाने पर पति यदि स्त्रीधन का व्यय करें तो उसको लौटाने के

लिए उसको बाध्य नहीं किया जा सकता।[9] अन्यथा पत्नी से धन लेने पर पति को धन लौटाना पड़ता था।

याज्ञवल्क्यस्मृति (2.117) के अनुसार कन्याएं माता का धन पाती हैं और उनके अभाव में पुत्रों को अधिकार मिलता है। इस प्रकार स्त्री-धन कन्याओं को मिलता है, किन्तु यदि स्त्री सन्तानहीन मर जाती है तो स्त्रीधन पति को मिलता है यदि विवाह ब्राह्म, दैव, आर्ष और प्राजापत्य नामक विवाह-प्रथा से हुआ। किन्तु अन्य चार प्रकार के विवाहों वाली स्त्री के मर जाने पर उसका धन माता-पिता को प्राप्त हो जाता है।[10] इससे ज्ञात होता है कि माता-पिता के धन पर हमेशा से ही पुत्रों के साथ-साथ पुत्रियों का अधिकार रहा है।

याज्ञवल्क्य के मतानुसार यदि पिता के जीवित रहते पुत्र विभाजन की मांग करता है तो पत्नी को पुत्र के समान ही एक भाग मिलता है।[11] यदि कई पत्नियाँ हों तो प्रत्येक को एक पुत्र के बराबर का भाग मिलता है। ऐसी व्यवस्था है कि पत्नी या पत्नियाँ पति या श्वसुर द्वारा प्रदत्त स्त्री-धन की सम्पत्ति पर भोग का अधिकार नहीं रखतीं, किन्तु यदि स्त्री-धन हो तो उनको उतना ही और अधिक प्राप्त होगा जितना मिलकर एक पुत्र के भाग के बराबर भाग हो जाए। (II-148) यही मिताक्षरा ने कहा है कि पति की इच्छा से पत्नी कुल सम्पत्ति का भाग पा सकती है, किन्तु अपनी इच्छा से नहीं, कारण कि पति-पत्नी में विभाजन नहीं होता- जायापत्योर्न विभागो विद्यते। अतएव पति पत्नी को स्नेहवश एक भाग दे सकता है। विश्वरूप (II-119) ने कहा है कि पहले से मृत पुत्रों और पौत्रों की पत्नियों को वे भाग मिलने चाहिए जो उनके पतियों को दायरूप में प्राप्त होते, क्योंकि उनके पतियों को जीवित रहने पर पिता के साथ किये गये विभाजन में अधिकार तो प्राप्त होता ही। माता या विमाता भी पिता के मृत हो जाने के उपरान्त पुत्रों के दाय-विभाजन के समय एक बराबर भाग की अधिकारिणी होती है, किन्तु जब तक पुत्र संयुक्त रहते हैं वह

विभाजन की मांग नहीं कर सकती है। किन्तु पत्नी के समान ही यदि उसके पास स्त्रीधन होगा तो उसका दायभाग भी उसी के अनुपात में कम हो जाएगा जैसा याज्ञवल्क्य ने कहा है।–'पितुरूर्ध्व विभजतां माताऽप्यंशं समं हरेत्'।(II-123)[12]

अगर अपने इतिहास पर भी एक दृष्टि डाली जाए तो उससे ज्ञात होता है कि कभी भी मानव समाज में नारी या औरत को समय पर उचित न्याय नहीं मिल पाया है। त्रेतायुग में जब रावण सीता का हरण करके ले जाता है तो उस समय भी समाज में ऐसी कोई न्याय-व्यवस्था नहीं थी जिससे रावण को दण्डित किया जाता, अपितु वहाँ व्यक्तिगत रूप से अपनी लड़ाई स्वयमेव ही लड़नी पड़ी जैसे राम ने स्वयं ही रावण से युद्ध करके उसको पराजित करके सीता को पुनः प्राप्त किया। इसी प्रकार यदि महाभारत के द्रौपदी चीर हरण वाली घटना की चर्चा की जाए तो वहाँ भी राजसभा में विद्यमान सभी दिग्गज अर्थात् राजा, महामन्त्री, सेनापति, गुरु आदि लोग जो प्रशासनिक अधिकारी थे, चुपचाप बैठकर एक स्त्री का अपमान होते हुए देखते रहे, न तो उन्होंने विरोध किया और न ही उन्होंने उस दुष्कर्म को करने वाले कौरव-दुःशासन, दुर्योधन आदि को दण्डित किया; अपितु मौन रहकर उस दुष्कर्म को रोकने में अपनी असमर्थता प्रकट कर दी। यदि न्यायिक पदों पर आसीन लोग इसी प्रकार महिलाओं को न्याय देने में असमर्थता दिखलाते रहेंगे तो क्या महिलाओं को कभी भी उन पर होने वाले अपराधों के लिए समुचित न्याय मिल पाएगा? यह प्रश्न भारत की प्रत्येक महिला के मानसिक पटल पर अंकित है कि कब उन्हें वे अधिकार प्राप्त होंगे जो इस पुरुष प्रधान समाज में पुरुषों को जन्म लेते ही प्राप्त हो जाते हैं। महाभारत में भी पाण्डवों को, जो द्रौपदी के पति थे, आखिरकार कौरवों को युद्ध में पराजित करके ही अपनी स्त्री के अपमान का बदला लेना पड़ा। किन्तु क्या आज सम्भव है कि ऐसा कोई युद्ध रूपी निर्णय जो न्याय-व्यवस्था द्वारा समाज में

महिलाओं के पक्ष में स्थापित किया जाए जिससे समाज की सीता और महाभारत की द्रौपदी की भांति आज की महिलाओं को न्याय मिल सके। इसीलिए यह अत्यन्त आवश्यक है कि न्याय-व्यवस्था द्वारा भारत में महिलाओं की स्वतन्त्रता और सुरक्षा सम्बन्धी ऐसे कड़े कानून (नियम) बनाये जाने चाहिए जिससे आज की महिलाओं को भी न्याय मिल सके।

इससे ज्ञात होता है कि प्रारम्भ से ही भारतीय समाज में महिलाओं की सुरक्षा एक गम्भीर विषय रहा है, जिसका निदान उस समय युद्धों के द्वारा अपराधी पक्ष को हराकर किया जाता था किन्तु आज के वातावरण में महिलाओं की स्थिति को देखते हुए, आज की महिलाओं के द्वारा अपने अधिकारों, आत्मसम्मान, सुरक्षा और स्वतन्त्रता सम्बन्धी युद्ध करना शेष है जो कि अत्यन्त महत्त्वपूर्ण है।

जहाँ तक रहा न्याय का प्रश्न, महिलाओं के साथ अन्याय और भेदभाव बचपन से ही, या यूँ कहें तो पैदा होने से पहले ही आरम्भ हो जाता है कि पुत्र पैदा होना चाहिए, पुत्री नहीं; फिर शिक्षा के क्षेत्र में पुत्र को महंगे या निजी (प्राईवेट) विद्यालय में पढ़ाओ, कन्या को नहीं, कन्या को किसी सस्ते या सरकारी विद्यालय में पढ़ाया जाए। इतना ही नहीं, परवरिश की दृष्टि से भी लड़के और लड़की में भेदभाव किया जाता है; इसलिए यह लिंग पर आधारित होने वाला भेदभाव समाप्त होना चाहिए, जो घर से तो शुरु होता है लेकिन आगे बढ़ते-बढ़ते वैश्विक समस्या के रूप में सामने उभर कर आता है। मार्टिन लूथर किंग ने सही कहा है कि 'किसी भी स्थान पर अन्याय, हर स्थान पर न्याय के लिए खतरा है'।

महिलाओं को न्याय इसलिए भी नहीं मिल पाता क्योंकि न्यायिक प्रक्रिया में आने वाली अनेक कठिनाइयाँ उनका मार्ग अवरुद्ध कर देती हैं; जैसे संवेदनशीलता का अभाव, समय और धन की हानि आदि। महिलाओं की सुरक्षा सम्बन्धी कठोर नियम आखिरकार क्यों, हमारी

न्याय-व्यवस्था द्वारा नहीं बनाए जाते जिससे अपराधियों के मन में एक डर पैदा हो और दिन-प्रतिदिन महिलाओं पर हो रहे अत्याचारों पर रोक लग सके। मनुस्मृति में भी कहा गया है कि 'दण्डः शास्ति प्रजाः सर्वा दण्ड एवाभिरक्षति। दण्डः सुप्तेषु जागर्ति दण्डं धर्मं विदुर्बुधाः।।[13]' अर्थात् राजा के कारण नहीं वरन् दण्ड (किए गये अपराध के लिए मिलने वाला उचित दण्ड) और उसके द्वारा उत्पन्न होने वाला भय ही लोगों को गलत काम करने से रोकता है। यही कारण है कि आरुषि हत्याकांड, निर्भया केस जैसे मामलों में कोई भी निर्णय नहीं निकल पाया, कारण न्याय-व्यवस्था की कमजोरी या लापरवाही। यदि इस देश में गम्भीर रूप से महिलाओं की सुरक्षा को ध्यान में रखा जाता तो ऐसे केसों का निर्णय और अपराधी को दण्ड कब का मिल गया होता।

अनेक बार महिलाओं को लोकसभा में 33% आरक्षण देने का वादा सरकारों द्वारा किया जाता है लेकिन उस वादे का क्या होता है; लगता है कि वह वादा पुरूष प्रधान समाज में कभी संभव हीं नहीं हो पायेगा और वह मुद्दा हमेशा बहस का विषय ही बना रहेगा। भारत की आप किसी भी बच्ची, महिला और वृद्ध औरत से यह प्रश्न पूछकर देखें तो आपको खुद ही इसका उत्तर मिल जाएगा कि वे इस वातावरण में कितनी सुरक्षित हैं? यही कारण है कि कोई भी महिला अकेले रात में, सुनसान क्षेत्र पर, इसलिए जाने से डरती है। एक भय हर औरत के मन में बना रहता है कि अगले क्षण में वह सुरक्षित है या नहीं। आज समाज के आगे यह बहुत बड़ा प्रश्न बना हुआ है कि पता नहीं इस भय का अन्त कब संभव हो पाएगा और कैसे? लगता है कि महिलाओं को एक बार पुनः सुरक्षित करने के लिए या नारी जाति पर हुए अपमानों का बदला लेने के लिए, फिर से राम और कृष्ण की तरह भगवान को अवतार लेकर धरती पर आना पड़ेगा।

वस्तुतः किसी भी देश की सभ्यता और संस्कृति का ज्ञान मानव समाज में नारी की स्थिति से ज्ञात होता है। मानव समाज में नारी

की स्थिति को सुधारने के लिए कुछ प्रयास अवश्य किये जाने चाहिए–

1. अपने मूल अधिकारों (कानूनों) को जानो--देश की हर महिला को भारतीय संविधान द्वारा बनाये गये महिला सम्बन्धित कानूनों का ज्ञान होना चाहिए, जैसे 'दहेज प्रतिषेध अधि नियम (1961)', 'स्त्री अशिष्टरूपण (प्रतिषेध) अधिनियम (1986)', 'सती (निवारण) अधिनियम (1987)', 'घरेलू हिंसा से महिला संरक्षण अधिनियम (2005)', 'महिलाओं का कार्यस्थल पर लैंगिक उत्पीड़न (निवारण, प्रतिषेध और प्रतितोष) अधिनियम (2013)', 'दण्ड विधि (संशोधन) अधिनियम (2013)' 'विवाहित महिला सम्पत्ति अधिनियम (1874)', 'प्रसूति प्रसुविधा अधिनियम (1961)', 'गर्भ का चिकित्सकीय समापन अधिनियम (1971)', 'राष्ट्रीय महिला आयोग अधिनियम (1990), गर्भधारण पूर्व और प्रसवपूर्ण निदान-तकनीक (लिंग चयन प्रतिषेध अधिनियम(1994), मुस्लिम स्त्री (विवाह विच्छेद पर अधिकरण संरक्षण अधिनियम (1986) आदि। इन कानूनों को नारियाँ अपने संघर्ष की लड़ाई में अस्त्र की तरह प्रयुक्त कर सकती हैं, इसलिए इनका ज्ञान होना अत्यन्त आवश्यक है।
2. कुछ लोग लड़कियों के कपड़ों पर प्रश्न उठाते हैं कि उन्हें यह पहनना चाहिए और यह नहीं, यहाँ तक कि कई स्थलों पर लड़कियो के पाश्चात्य कपड़ों पर रोक लगा दी गई थी, लेकिन क्या यह उचित है? यह बहुत आसान तरीका है कि अपने गुनाहों के लिए दूसरों को दोषी ठहराना। ऐसे लोगों के लिए कुछ इस प्रकार की ट्रेनिंग या सुधार गृह या शिविर होने चाहिए जिससे ऐसे लोगों के मानसिक विचारों में परिवर्तन लाया जा सके।

3. अपने परिवार वालों के साथ बातचीत करना- यह बहुत जरुरी होता है कि यदि आप घर से बाहर किसी समस्या का सामना कर रहे हैं तो उसके विषय में अपने घर वालों को बतायें, घर वाले क्या सोचेंगे यह नहीं सोचना चाहिए क्योंकि बात को छिपाते-छिपाते वह समस्या इतनी बढ़ जाती है कि दूसरा व्यक्ति आपको ब्लैकमेल करना शुरु कर देता है, इसलिए किसी भी समस्या का समाधान घर वालों को विश्वास में लेकर ही करना चाहिए। इसके विपरीत यदि नारियाँ अपने घर में सम्बन्धियों, रिश्तेदार, पड़ोसियों या साथ काम करने वालो के द्वारा असुरक्षित अनुभव कर रही हैं, तब वे कानून का सहारा लें। इसलिए जब कभी भी महिलाएं असुरक्षित महसूस करें तो इस बात को दबाने का प्रयास न करें अपितु पुलिस या कानून को जाकर सूचित करें, तभी उस समस्या का समाधान हो पाएगा।
4. वास्तविक निदानों की माँग- नारी के बिना समाज की कल्पना नहीं की जा सकती। भारत एक लोकतांत्रिक देश है जहाँ आम जनता अपनी सरकार स्वयं चुनती है। नागरिक होने के नाते महिलाएं भी उस वोटिंग की हिस्सेदार होती हैं इसलिए महिलाओं को सरकार से वे सब मूलभूत अधिकार माँगने चाहिए, जिस कारण वे उनको वोट देती हैं। उनसे अपराधों के लिए कठोर दण्ड, किसी भी मामले पर समय से और तेजी से कार्यवाही होना, सार्वजनिक यातायात (पब्लिक ट्रांस्पोर्ट) भय से मुक्त, ऐसा माहौल उत्पन्न करना, पीड़ितों के साथ संवेदनशीलता के साथ पेश आना, ये सब मांगें रखनी चाहिए। जो भी महिलाओं के लिए हेल्पलाइन नम्बर दिये जाते हैं, उन पर कॉल करते ही तुरन्त कार्यवाही की जानी चाहिए। किसी भी देश की संस्कृति के उत्कर्ष और अपकर्ष में नारी की स्थिति का महत्त्वपूर्ण स्थान होता है इसलिए

किसी भी देश की सरकार को अपने देश में नारी की स्थिति को हमेशा बेहतर बनाए रखने का प्रयास करना चाहिए।

5. महिलाओं की सुरक्षा को हास्य तौर पर नहीं, अपितु समाज की एक गम्भीर समस्या समझकर उस पर विचार करना चाहिए। नारी सम्बन्धित संवेदनशील विषयों पर भद्दे मजाक, गाने नहीं बनने चाहिए, इस प्रकार का व्यवहार महिला की अस्मिता पर आघात है, इसलिए समाज में इस तरह के कार्यों पर रोक लगनी चाहिए।
6. महिला और पुरुष में लिंग के आधार पर भेदभाव नहीं होना चाहिए, समान नागरिक संहिता होनी चाहिए, यह वह महत्त्वपूर्ण कदम है जो महिलाओं के लिए सभ्य और सुरक्षित समाज का सृजन कर सकता है।
7. सरकार या प्रशासन की ओर से महिलाओं को आत्मरक्षा (सेल्फ डिफेंस) जैसी ट्रेनिंग दी जानी चाहिए, जिससे वे स्वयं भी अपनी रक्षा करने में समर्थ हों।

भारत एक ऐसा देश है जहाँ जनसंख्या का आधा भाग महिलाएं हैं, इसके बावजूद वे इस देश में आत्मसम्मान और सुरक्षा के साथ जीने की केवल कामना ही कर सकती हैं। भारत जैसे देश की विडम्बना यह है कि यहाँ, जहाँ एक तरफ भारत का संविधान महिलाओं के अधिकारों की बात करता है वहीं दूसरी ओर यहाँ का पितृसत्तात्मक समाज उसके अधिकारों और सुरक्षा का हनन करता है, इस असमंजस में महिलाओं की स्थिति और भी बदतर होती जा रही है। मनु स्त्री को हर स्थिति में पुरुष के अधीन रहने योग्य बताते हैं। उनका कहना है कि–"पिता रक्षति कौमारे भर्ता रक्षति यौवने। रक्षन्ति स्थविरे पुत्राः न स्त्री स्वातन्त्र्यमर्हति"।।[14] यदि महिलाओं की सुरक्षा की दृष्टि से आज का वातावरण देखा जाए तो मनु की उक्ति सार्थक साबित होती है।

वस्तुतः महिलाओं के प्रति हो रहे अपराध एक तरह की सामाजिक बुराई है जो भारत में ही नहीं अपितु वैश्विक समस्या बन चुकी है। इसलिए महिलाओं को इन अपराधों से निपटने के लिए हमेशा सतर्क और तैयार रहना चाहिए; क्योंकि 'अलार्म बजने से पहले जाग जाना ही' श्रेष्ठ होता है। आज के वातावरण में नारी की स्थिति से सम्बन्धित स्वरचित कुछ पंक्तियाँ निम्न हैं-

'हे! भारत की नारी, कब आएगी तेरी बारी
स्वतन्त्रता और अधिकारों की इस आंधी में
हे! भारत की नारी, कब आएगी तेरी बारी।।

'जीवन है तेरा उलझनों से भरा,
पग पग पर है कष्टों का डेरा
इसी असमंजस में है दुनिया सारी
हे! आज की नारी, कब आएगी तेरी बारी
हे! भारत की नारी कब आएगी तेरी बारी'।।

'मीडिया और न्याय से मिला तुझे हर पग पर धोखा
तेरे बहुमुखी विकास में लोगों ने तुझे क्यों है रोका
इस युग में तेरे उत्थान और विकास की अब किसकी है जिम्मेदारी
हे! भारत की नारी, कब आएगी तेरी बारी'।।

निष्कर्षतः रूप से यही कहा जा सकता है कि समाज में नारियों की स्थिति में सुधार लाना अत्यन्त आवश्यक है, इसके लिए मीडिया और देश की न्याय-व्यवस्था में वह दृढ़शक्ति अपेक्षित है जो अपने प्रयासों से समाज में महिलाओं के सशक्तिकरण में महत्त्वपूर्ण भूमिका निभा सके। क्योंकि सशक्त नारी ही लोकतन्त्र में अधिक से अधिक भागीदारी करके देश को विकासपथ की ओर अग्रसर कर सकती है।

संदर्भ ग्रंथ

1. ऋग्वेद, III 53/4
2. महाभारत, शान्तिपर्व, 144/6
3. मनुस्मृति, IX 26
4. शतपथ ब्राह्मण, V 2/1/10
5. महाभारत, आदिपर्व, 74/40
6. मनुस्मृति, III 56
7. दायशब्देन यद्धनं स्वामि-सम्बन्धादेव निमित्तादन्यस्य स्वं भवति तदुच्यते। - मिताक्षरा, याज्ञवल्क्य स्मृति, II 114
8. पितृमातृपतिभ्रातृदत्तमध्यग्न्युपागतम्। आधिवेदनिकाद्यं च स्त्रीधनं परिकीर्तितम्। बन्धुदत्तं तथा शुल्कमन्वाधेयकमेव च।- याज्ञवल्क्यस्मृति, II 143-144
9. याज्ञवल्क्यस्मृति, II. 147
10. अतीतायामप्रजसि बान्धवास्तदवाप्नुयुः। अप्रजास्त्रीधनं भर्तुर्ब्राह्मादिषु चतुर्ष्वपि। दुहितृणां प्रसूता चेत्छेषेषु पितृगामि तत्।। - याज्ञवल्क्यस्मृति, II. 144-145
11. यदि कुर्यात्समानंशान् पत्न्यः कार्याः समांशिकाः।- याज्ञवल्क्यस्मृति, II. 115
12. संस्कृत, पृ. 7.63
13. मनुस्मृति, VII. 18
14. मनुस्मृति, VIII. 46

परिशिष्ट

संगोष्ठी प्रतिवेदन

लक्ष्मीबाई महाविद्यालय, दिल्ली विश्वविद्यालय में 18–19 सितंबर, 2019 को विश्वविद्यालय अनुदान आयोग के सौजन्य से 'मीडिया और लोकतंत्र' विषयक दो दिवसीय राष्ट्रीय संगोष्ठी का आयोजन किया गया। दो दिवसीय कार्यक्रम में उद्घाटन सत्र की अध्यक्षता प्रो.कैलाश नारायण तिवारी ने की। संगोष्ठी के मुख्य वक्ता दिल्ली विश्वविद्यालय में राजनीति विज्ञान के प्रोफेसर श्री प्रकाश सिंह थे। मुख्य अतिथि के रूप में सांसद व दिल्ली प्रदेश भारतीय जनता पार्टी के अध्यक्ष श्री मनोज तिवारी, विशिष्ट अतिथि के रूप में दक्षिण भारत हिंदी प्रचार सभा के कुलपति प्रोफेसर राममोहन पाठक व प्रोफेसर विश्वनाथ पांडेय ने भाग लिया। लक्ष्मीबाई महाविद्यालय द्वारा आयोजित मीडिया से संबन्धित यह दूसरी राष्ट्रीय संगोष्ठी है, जिसमें देश भर से आए मीडिया विशेषज्ञों के साथ-साथ शोधार्थियों ने भाग लिया।

उद्घाटन सत्र का संचालन लक्ष्मीबाई महाविद्यालय की प्रवक्ता डॉ. अमृता शिल्पी के द्वारा किया गया। उन्होंने कहा कि मीडिया लाखों लोगों की आवाज को मुखरित करती है। दीप प्रज्वलन के साथ विद्वजन आगन्तुकों का सम्मान किया गया।

दिल्ली प्रदेश भारतीय जनता पार्टी के अध्यक्ष श्री मनोज तिवारी जी ने अपने उद्घाटन भाषण में कहा कि मीडिया को भारत के संविधान ने अभिव्यक्ति की स्वतंत्रता दी है। प्रधानमंत्री मोदी के नेतृत्व में जो सरकार चल रही है उसने हमेशा संविधान का सम्मान किया है। इस सरकार ने कभी भी न तो किसी मीडिया संस्थान पर दबाव बनाया और न ही किसी का विज्ञापन रोका। जबकि मोदी जी के विरोध में तमाम तरह की बुरी खबरों की बाढ़ है। मीडिया स्वतंत्र है और रहेगा। 1975 में आपातकाल लगाकर मीडिया की आजादी छीनने की कोशिश की गई थी। उसके बाद जो चुनाव हुए जनता ने उसका बदला उस समय की सरकार से लिया।

मुख्य वक्ता के रूप में बोलते हुए दिल्ली विश्वविद्यालय के राजनीति विज्ञान विभाग के प्रोफेसर श्री प्रकाश सिंह ने विस्तार से मीडिया और लोकतंत्र के संबंधों की चर्चा की। प्रोफेसर श्री प्रकाश सिंह ने कहा कि जब तक जनता जागरूक नहीं होगी तब तक लोकतंत्र खतरे में रहेगा। टीआरपी के खेल ने मीडिया के महत्व को कम कर दिया है। जब तक मीडिया विज्ञापन के भरोसे, सरकार की नीतियों और राजनेताओं पर निर्भर रहेगा तब तक मीडिया का तटस्थ होना मुश्किल है। उन्होंने कहा कि लोकतंत्र के स्वरूप के अनुसार मीडिया का स्वरूप बदलता है। दोनों के बीच अन्योन्याश्रित संबंध है। उदारवादी, वामपंथी, दक्षिणपंथी, तानाशाही आदि सरकार के विभिन्न रूपों में मीडिया के रूप भी बदलते रहे हैं। लेकिन हर दौर में मीडिया ने लोकतंत्र की लौ को न केवल बचाने का प्रयास किया है, बल्कि उसके विकास के लिए भी भूमिका तैयार की है।

विशिष्ट अतिथि के रूप में प्रख्यात मीडिया विशेषज्ञ प्रो. विश्वनाथ पांडेय ने कहा कि लोकतंत्र में लोक सबसे महत्वपूर्ण है। मीडिया भले ही लोकतंत्र का चतुर्थ स्तम्भ है, लेकिन लोक उसकी धुरी है। यदि लोक सही ढंग से जागरूक है तो वह अपने ढंग से तंत्र अर्थात

लोकतंत्र भी विकसित कर लेता है और मीडिया का भी मार्गदर्शन करता है। इसलिए सबसे आवश्यक है कि लोक को जागरूक करें। उन्होंने कहा आज पूंजी का भयावह रूप दिखाई दे रहा है, इससे हमारी सारी संस्थाएं प्रभावित हुई हैं। व्यक्तिवाद के स्वरूप से मीडिया भी अछूती नहीं है।

संगोष्ठी में विशिष्ट अतिथि के रूप में दक्षिण भारत नागरी प्रचारिणी सभा के कुलपति प्रोफेसर राममोहन पाठक ने कहा कि लोकतंत्र के चतुर्थ स्तम्भ के रूप में मीडिया की बहुत बड़ी भूमिका है। आजादी के आंदोलन के दौर में हमने मीडिया के स्वरूप को बहुत अच्छी तरह से देखा है। हमारे पत्रकारों ने अंग्रेज सरकार की दमनकारी नीतियों और कार्यों से लड़ते-भिड़ते हुए लोकतंत्र का अलख जगाया और आजादी व लोकतंत्र का सपना साकार किया। आजादी के बाद हमने आजादी के आंदोलन से प्राप्त मूल्यों को खोते देखा है। उद्घाटन सत्र की अध्यक्षता लक्ष्मीबाई कॉलेज गवर्निंग बॉडी के चेयरमैन प्रोफेसर कैलाश नारायण तिवारी ने की। प्रो. कैलाश नारायण तिवारी ने कहा कि पहले मीडिया देश के प्रति सहानुभूति रखती थी और अब वह पूंजीपतियों की मुठ्ठी में आ गयी है। आज मीडिया निश्चित तौर पर अपने संबंधों का निर्वाह नहीं कर रही है, यह सही बात है। लेकिन स्वतंत्रता के दौर के पत्रकारों को नहीं भूलना चाहिए, जिनके योगदान से लोकतंत्र बना है। आगे उन्होंने मीडिया और लोकतंत्र में राजनीति की बड़ी भूमिका पर टिप्पणी की और अपने बनारस के दिनों को याद करते हुए कहा कि लोकतंत्र में लोक ही तंत्र का निर्माण करता है। हमें यह नहीं भूलना चाहिए कि मीडिया केवल माध्यम है, लोकतंत्र जन-जन की भागीदारी से मजबूत होगा। उन्होंने कहा आलोचना से घबरायें नहीं बल्कि उसका सम्मान करें।

उद्घाटन सत्र के अंत में लक्ष्मीबाई महाविद्यालय की प्राचार्या डॉ. प्रत्यूष वत्सला ने लोकतंत्र में मानवाधिकार की बात करते हुए

कहा कि हम सब इस लोकमानस में शामिल हैं। इससे मिलकर ही तंत्र बनता है। उन्होंने आगे कहा कि मीडिया ने लोकतांत्रिक संस्थाओं के विकास में बड़ी भूमिका निभाई है।

मीडिया को लोकतंत्र का एक स्तम्भ कहते हैं, लेकिन यदि हम मीडिया और लोकतंत्र दोनों के इतिहास को देखें तो पाते हैं कि मीडिया ने लोकतंत्र के अन्य तीन स्तम्भों विधायिका, न्यायपालिका और कार्यपालिका के विकास में मदद की है। उन्होंने नीरज जी की पंक्ति को उद्धृत करते हुए कहा कि प्रजातंत्र क्या है? भेड़ों की जमात है, छुरी और तमंचा हर किसी के हाथ है। अभिप्राय यह था कि लोकतंत्र जब सही तरीके से काम नहीं करता है तो लोकतंत्र, भीड़तंत्र बन जाता है। इतनी बड़ी जनसंख्या वाले हमारे देश ने लोकतंत्र की भावना को जीवित रखा है, ये अपने आप में बहुत बड़ी उपलब्धि है। उन्होंने संगोष्ठी को हिंदी माध्यम से जारी रखने की इच्छा जाहिर की, जिसका सभी ने स्वागत किया।

संगोष्ठी का प्रथम सत्र मीडियाः लोकतंत्र का चतुर्थ स्तम्भ

इस सत्र का विषय, विकास, संभावनाएं एवं चुनौतियाँ था। सत्र की अध्यक्षता राजस्थान विश्वविद्यालय पत्रकारिता विभाग के अध्यक्ष प्रोफेसर संजीव भाणावत ने की। वक्ता के रूप में प्रोफेसर राममोहन पाठक, इंडिया टुडे के डॉ राजेश कुमार और डीडी न्यूज के राजेश राज ने भाग लिया। इंडिया टुडे के श्री राजेश कुमार जी ने अपने भाषण में कहा कि मीडिया भी सोसायटी का ही पार्ट है, जैसे समाज में अलग-अलग किस्म के लोग होते हैं, उसी तरह मीडिया में भी होते हैं। मीडिया के लिए कई सारे एक्ट बनें। अतः मीडिया का संयमित होना आवश्यक है। डी डी न्यूज के श्री राजेश राज ने कहा कि पत्रकारिता कुछ खोज कर नया लोगों के सामने रखती है, जैसे -मिजोरम विधानसभा में 2008 तक महिलाएं चुनकर नहीं आयी

थीं। इस बात को मीडिया ही लोगों के सामने लेकर आई। उन्होंने कहा कि दूरदर्शन आज भी पत्रकारिता के दायित्वों का बेहतर निर्वहन करता है। प्रोफेसर राममोहन पाठक ने अंत में कहा कि किसी भी देश के लोकतंत्र का स्वरूप वहां की मीडिया की स्वतंत्रता से निर्धारित होता है। उन्होंने कहा कि संचार पूरे जीवन भर चलता है। हमें आशा और निराशा के बीच रास्ता बनाना है। पत्रकारिता यही है। मूल प्रश्न यह है कि आप साख और सरोकारों की रक्षा कैसे करें?

द्वितीय सत्र का विषय मीडिया और अभिव्यक्ति की स्वतंत्रता था। इस सत्र की अध्यक्षता 'नई धारा' पत्रिका के संपादक श्री शिवनारायण ने की। वक्ता के रूप में डीडी न्यूज के श्री गिरीश निशाना, लोकायत के संपादक श्री बलराम, योजना और एम्प्लॉयमेंट न्यूज के संपादक श्री आनन्द सौरभ ने भाग लिया। श्री गिरीश निशाना जी ने अपने वक्तव्य में कहा कि रिपोर्टरों के सामने अनेक किस्म की चुनोतियाँ हैं। रिपोर्टर अपनी जान पर खेल कर पत्रकारिता करते हैं और मालिक उस रिपोर्ट को छापने से मना कर देते हैं। यह निराशाजनक होता है। रोजगार समाचार पत्र के संपादक श्री आंनद सौरभ ने अपने वक्तव्य में कहा कि भारत विश्व का सबसे बड़ा लोकतंत्र है पर हम पत्रकारिता के क्षेत्र में 134 वें पायदान पर हैं। लोकतंत्र में 'लिबर्टी ऑफ प्रेस' होना अनिवार्य है। राजभाषा अधिकारी डॉ. साकेत सहाय ने सोशल मीडिया को परिभाषित करते हुए कहा कि सोशल मीडिया ने हमें वह प्लेटफॉर्म मुहैया कराया है जिसके हम सपने देखते थे। मीडिया के सामने जिस दिन यह साबित हो जायेगा कि सिर्फ तंत्र ही नहीं लोक की भी बात करनी है, उस दिन मीडिया का मानक बढ़ जाएगा। बलराम जी ने कहा कि पत्रकार को यह समझना आवश्यक है कि वह क्या छापे और क्या नहीं। सत्र का समापन करते हुए शिव नारायण जी ने कहा कि आजादी के पहले पत्रकारिता आंदोलन रही होगी पर आजादी के बाद पत्रकारिता सेवा हो गयी है। हमें नई

पीढ़ी के बच्चों पर भरोसा करना चाहिए। इसके बाद मीडिया और लोकतंत्र से जुड़े विभिन्न विषयों पर शोधपत्र पढ़े गये। शोध-पत्र प्रस्तुतीकरण सत्र में देश के कई विश्वविद्यालयों से आए लगभग 25 शोधार्थियों ने अपने-अपने शोध-पत्र प्रस्तुत किए। शोध-पत्र का पाठन दो सभागारों में किया गया। जिसमें मिस मनीषा, डॉ. शिखा रॉय, डॉ. संगीता वर्मा, रचना कसाना जी, डॉ. सारिका भटनागर, अनवर खान जैसे जिज्ञासु, होनहार अभिजनों ने हिस्सा लिया। ये शोधपत्र फ्रीडम ऑफ स्पीच, ट्रेडीशनल मीडिया-सोशल मीडिया, मीडिया इकोनामी सेंशरशिप, श्रमजीवी पत्रकार, वंचितों की अभिव्यक्ति पर आधारित थे। दूरदराज के क्षेत्रों से आये शोधपत्र प्रस्तुतकर्ताओं ने कई प्रश्न भी उठाये। डॉ. अरुण मिश्रा एवं प्रवक्ता रेखा कौल ने शोधपत्रों की समीक्षा की, जो अन्वेषणपरक थी।

दिनांक-19.9.2019, दिन-बृहस्पतिवार

लक्ष्मीबाई महाविद्यालय

दो दिवसीय राष्ट्रीय संगोष्ठी 'मीडिया और लोकतंत्र' के दूसरे दिन संगोष्ठी के प्रथम सत्र में शोधपत्र अध्येताओं द्वारा शोधपत्र पढ़े गये। विद्वान शोधपत्र प्रस्तुतकर्ताओं ने 'मीडिया और लोकतंत्र' से जुड़े विभिन्न मुद्दों को अपने शोध-पत्र का विषय बनाया। इस सत्र में अनीता, परमजीत कौर, कपिल पवार, वीरेंद्र यादव, मीना एवं जीतेन्द्र कुमार जैसे अकादमिक जगत के सदस्यों ने अपने शोधपत्र प्रस्तुत किये। शोध-पत्र बेहद जानकारी से भरे और जिज्ञासाओं को गति देने वाले थे। शोधपत्रों में शशिदेश पाण्डेय के उपन्यासों से लेकर प्रेस की स्वतंत्रता, मीडिया की भूमिका तथा 1975 के आपातकाल की ओर भी ध्यान दिलाया गया कि किस प्रकार प्रेस की स्वतंत्रता पर रोक लगा दी गयी थी। पत्रकारों को मौजूदा समय में बिकाऊ होने से बचना होगा। मीडिया किसी को भी बना और बिगाड़ सकती है।

मीडिया ने अरविंद केजरीवाल को नेता बना दिया, जैसे विचार इन पत्रों के माध्यम से आये।

कार्यक्रम की अध्यक्षता कर रहे डॉ अरुण मिश्रा ने शोध–पत्रों की समीक्षा करते हुए कहा कि मीडिया की खबरों से जुड़े पाठकों और दर्शकों को यह पता होना चाहिए कि सही क्या हो सकता है और गलत क्या दिखाया जा रहा है। उन्होंने अखबार पढ़ने की आदत को एक अच्छी आदत बताया। साथ ही पहले के अखबारों को गीता और पुराण से भी बढ़कर बताया। डॉ. शशिकला त्रिपाठी विभागाध्यक्ष, बनारस हिंदू विश्वविद्यालय ने अपने सम्बोधन में कहा कि सभी प्रतिभागियों ने मीडिया के विषय को छुआ जिससे कई महत्वपूर्ण बातें उभरकर हमारे सामने आयीं, जो हमें सोचने के लिए विवश करती हैं।

संगोष्ठी का पांचवा सत्र - एजेंडा सेटिंग पर था, जिसकी अध्यक्षता श्री जगदीश उपासने, उपकुलपति, माखनलाल चतुर्वेदी विश्वविद्यालय ने की। सत्र के प्रथम वक्ता डॉ. उपेंद्र, संपादक, उर्दू डेली कौमी खबरें ने खबरों की बनावट की बात की। उन्होंने अखबार के महत्व को बताते हुए कहा कि प्रिंट मीडिया में भिन्न –भिन्न किस्म की चुनौतियां एक पत्रकार के सामने आती हैं। सत्र के दूसरे वक्ता श्री स्वदेश ने एजेंडा सेटिंग पर अपनी बात रखी कि मीडिया एजेंडा तय करती है। साथ ही एजेंडा बिल्डिंग को भी परिभाषित किया। 'चौकीदार चोर है' एक स्लोगन बना तो यह भी स्लोगन बना कि 'मैं भी चौकीदार हूँ'।

इस सत्र की अंतिम वक्ता शशिकला त्रिपाठी थीं। मीडिया के कई पहलुओं पर प्रकाश डालते हुए उन्होंने बताया कि टी.आर.पी. के चक्कर में आज के पत्रकार अपना विवेक खोते जा रहे हैं । मीडिया की भूमिका सकारात्मक और नकारात्मक आज के समय में दोनों है। यह मीडिया पर निर्भर करता है कि वह किस रास्ते पर जाये।

सत्र की अध्यक्षता कर रहे श्री जगदीश उपासने ने अंत में अध्यक्षीय भाषण में कहा कि हमें ध्यान रखना होगा कि मीडिया जो परोस रहा है वह सही है या नहीं। इसके लिए उन्होंने महाभारत के प्रसंग का हवाला देते हुए कहा कि सारथी कृष्ण के कहने से धर्मराज युधिष्ठिर, द्रोण से अर्द्धसत्य बोलते हैं कि अश्वस्थामा मारा गया पर नर नहीं कुंजर। यहां वो कुंजर शब्द धीरे से बोलते हैं। आज के समय में मीडिया भी यही कर रही है।

संगोष्ठी का छठा और अंतिम सत्र चुनाव, लोकतंत्र और मीडिया पर आधारित था। जिसकी अध्यक्षता प्रो. विश्वनाथ पांडेय, बनारस हिंदू विश्वविद्यालय ने की। इस सत्र के प्रथम वक्ता सी.एस.डी.एस. से आये डॉ. संजय कुमार ने कहा कि चुनाव प्रचार तथा चुनाव प्रक्रिया में मीडिया की अहम भूमिका होती है। जिसे उन्होंने तथ्यों और आंकड़ों के माध्यम से बखूबी समझाया। इसी सत्र के दूसरे वक्ता डॉ. अरुण कुमार मिश्र ने अपने वक्तव्य में कहा कि आज मीडिया में व्यावसायिक लोगों का बोल-बाला है। पहले के अखबारों और आज के समय के अखबारों में यह अंतर स्पष्ट दिखाई देता है। सत्र के तीसरे वक्ता डॉ. शान्तेश ने बात जारी करते हुए आगे कहा कि मीडिया लोकतंत्र का चौथा स्तंभ है, अतः बदलाव के इस दौर में मीडिया को और अधिक स्वतंत्रता तथा निजता मिलनी चाहिये।

अंबेडकर विश्वविद्यालय से आये प्रो. सत्यकेतु ने बताया कि मीडिया की सक्रिय भूमिका किसी भी देश के नवनिर्माण का सूचक है। कई भारतीय राजनेता ऐसे हैं जिनकी सफलता का श्रेय मीडिया को दिया जा सकता है।

महाविद्यालय की प्राचार्या डॉ. प्रत्यूष वत्सला ने कहा कि साइबर क्राइम भी एक बड़ा अपराध है। ऐसे अपराधों से महिलाओं को सजग होना आवश्यक है। महाविद्यालय की गवर्निंग बॉडी के अध्यक्ष एवं दिल्ली विश्वविद्यालय के हिंदी विभाग में कार्यरत प्रो. के. एन. तिवारी

की संगोष्ठी में दोनों दिन उपस्थिति बनी रही। उन्होंने अपने समापन भाषण में कहा कि मीडिया को राज्य के प्रति ही नहीं बल्कि देश के प्रति भी संवेदनशील होना होगा। इस अवसर पर विशिष्ट अतिथि रामजी लाल जांगिड़ ने वैश्वीकरण के समय में मीडिया की तरक्की व मीडिया क्रांति पर अपना विश्लेषणपरक व्याख्यान दिया। विशिष्ट अतिथि श्री सुरेशजी ने बताया कि आज मीडिया के आदर्श गिर रहे हैं। सोशल मीडिया का उपयोग बेहद ध्यानपूर्वक किया जाना चाहिए।

संगोष्ठी के संचालन का कार्य श्रीमती प्रमिला ने किया। उन्होंने मीडिया के संदर्भो की प्रांसगिकता को भी समय-समय पर रेखांकित किया कि ग्लोबलाइजेशन के युग में मीडिया बेहद महत्वपूर्ण है। संगोष्ठी की संयोजक डॉ. संगीता शर्मा ने सबसे पहले महाविद्यालय की प्राचार्य डॉ. प्रत्यूष वत्सला का धन्यवाद किया जिनके दृढ़ संकल्प और अथक परिश्रम के कारण ही संगोष्ठी आयोजित की जा सकी। उन्होंने देश के विभिन्न हिस्सों से आये विद्वानों के प्रति भी आभार जताया जो व्यस्तता के क्षणों से समय निकालकर महाविद्यालय आये। लक्ष्मीबाई महाविद्यालय की होनहार छात्राओं एवं अध्यापकों को धन्यवाद दिया जो पग-पग पर उनके साथ थे। उन्होंने कहा कि संगोष्ठी का सफल होना महाविद्यालय के लिए गौरव की बात है। इस अवसर पर बड़ी संख्या में महाविद्यालय के प्राध्यापकों डॉ. अरुण कुमार, डॉ. राहुल चिमूरकर, डॉ. अमिता, डॉ. श्वेता सिंह, सेवानिवृत व्याख्याता निर्मलकांता, वाणिज्य विभाग की व्याख्याता डॉ. लता शर्मा एवं विद्यार्थियों की उपस्थित उल्लेखनीय रही। महाविद्यालय के कर्मचारी वर्ग ने भी यथासंभव सहयोग प्रदान किया।

प्रस्तुतकर्त्ता

डॉ. अमिता

डॉ. अरुण कुमार

लेखक-परिचय

अनिता देवी– शोधार्थी, हिन्दी विभाग, जम्मू विश्वविद्यालय।

डॉ. अंशु यादव– सहायक आचार्य, हिन्दी विभाग, भारती कॉलेज दिल्ली विश्वविद्यालय।

डा. रिनि पुंडीर, डॉ. कृष्णा कुमारी– सहायक आचार्य, इतिहास विभाग, कालिन्दी कॉलेज, दिल्ली विश्वविद्यालय।

डॉ. सुरैया खान– सहायक आचार्य, हिन्दी विभाग, जाकिर हुसैन कॉलेज, दिल्ली विश्वविद्यालय।

कपिल देव पंवार– सहायक आचार्य, हिन्दी विभाग, हे.न.ब. केन्द्रीय गढ़वाल विश्वविद्यालय, श्रीनगर, गढवाल, उत्तराखण्ड।

डा. श्रीभगवान ठाकुर–सहायक आचार्य, नन्दलाल सिंह महाविद्यालय, जयप्रकाश विश्वविद्यालय, छपरा, बिहार।

सुमित कुमार– सहायक आचार्य, हिन्दी विभाग, दिल्ली विश्वविद्यालय।

डॉ. विरेन्द्र यादव– सहायक आचार्य, हिन्दी विभाग, केशव महाविद्यालय, दिल्ली विश्वविद्यालय।

डॉ. मीना– उपसम्पादक जनसत्ता।

डॉ. अमिता– सहायक आचार्य, हिन्दी विभाग, लक्ष्मीबाई महाविद्यालय, दिल्ली विश्वविद्यालय।

कँवलजीत कौर– सहायक आचार्य, हिन्दी विभाग गार्गी कॉलेज, दिल्ली विश्वविद्यालय।

मो. माजिद मियां– सहायक आचार्य, हिन्दी विभाग, गौर बंगा विश्वविद्यालय, पश्चिम बंगाल।

डॉ. मीरा शर्मा– सहायक आचार्य, सस्कृत विभाग, लक्ष्मीबाई कॉलेज, दिल्ली विश्वविद्यालय।